文春文庫

日本全国

# ソウルフードを食べにいく

写真・文 飯窪敏彦



文藝春秋

# 目次

日本全国ソウルフード・マップ　6
はじめに　10

北海道

帯広の豚丼　12
根室のエスカロップ　24
芦別のがたたんスープ　28
函館のチャイニーズチキンバーガー　32

東北

仙台の冷し中華　36
コラム　東北地方ではどうして冷たい麺がソウルフードになっているのだろう。　48
山形県河北町の冷たい肉そば　50
会津若松のソースカツ丼　52

関東

栃木のじゃがいも入り焼きそば　64
行田のフライとゼリーフライ　68
コラム　ご当地ソースを見つける楽しみ――両毛地区のソース事情。　72
秩父のわらじカツ丼　74
富津のあなご丼　76

中部

富士吉田の吉田うどん 88
新潟のイタリアン 100
金沢のハントンライスと越前市のボルガライス 104
名古屋の小倉トースト 108
名古屋のあんかけスパゲッティ 120

近畿

京都のオムライス 124
大阪のビーフカツサンド 136

中国・四国

岡山のえびめし 140
岡山のドミグラスソースカツ丼 144
鳥取のホルモン焼きそば 148
丸亀の骨付鳥 152

高知県須崎の鍋焼きラーメン　156

## 九州

福岡の博多うどん　160
長崎のトルコライス　172
佐世保バーガー　176
鹿児島の白熊　180

## 沖縄

沖縄のぜんざい　184
沖縄そば　188
沖縄のタコライス　200
コラム　沖縄大衆食堂ときちんとつきあう。　204

おわりに　206

芦別
Gatatan Soup
帯広
Butadon
根室
Escalope
函館
Chinese Chicken Burger
秩父
Waraji Katsudon
新潟
Italian
山形県河北町
Tsumetai Nikusoba
仙台
Hiyashi Chuka
会津若松
Sauce Katsudon
栃木
Jagaimoiri Yakisoba
行田
Fry & Zeri Fry
富津
Anagodon
富士吉田
Yoshida Udon
沖縄
Zenzai
Okinawa Soba
Taco Rice

# 日本全国ソウルフード・マップ

Soul Food Map

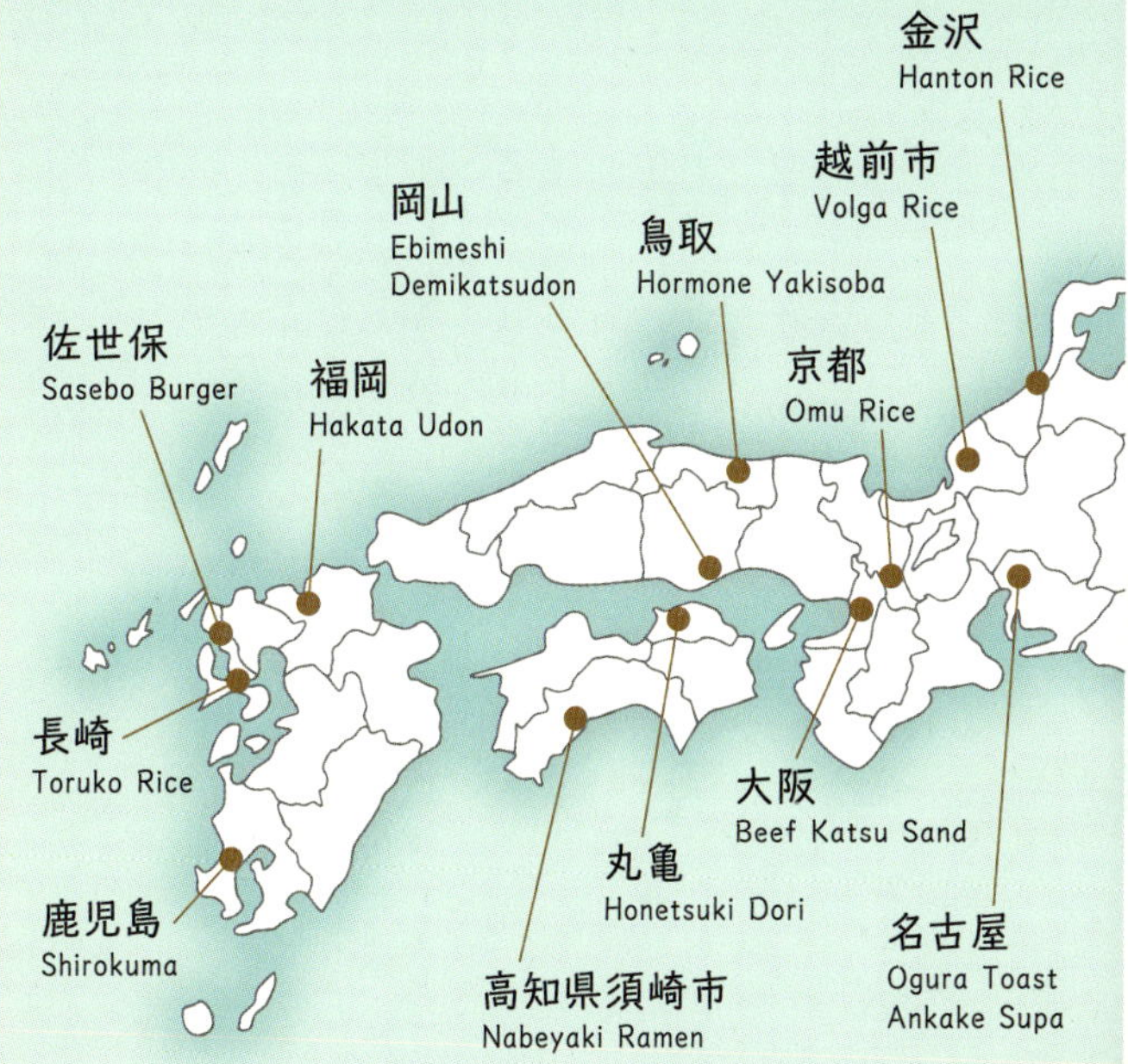

本書は、「嗜み」16〜24号（2012〜14年）に連載された〈うちらのソウルフード〉、「文藝春秋」4月臨時増刊号（2008年）に掲載された〈全国縦断　ご当地B級グルメの旅〉に加筆・修正をし、新たに取材した店・コラム等を加えて再構成しました。

店のデータは2015年8月現在のものです。
また価格は全て税込です。

取材協力　大関百合子
デザイン　野中深雪
DTP　エヴリ・シンク

# 日本全国ソウルフードを食べにいく

# はじめに　――ソウルフードのためのはじめの一歩

エスカロップ、がたたんスープ、ハントンライス、ゼリーフライ、白熊――。これらを食堂のメニューで見つけたとして、あなたはいくつご存知であろうか？　各々は順番に、根室、芦別、金沢、行田《ぎょうだ》、鹿児島の人々がごく日常的に親しんでいる食べものなのだ。

地元民にふかく愛されているから、全国どこでもあると思っていたら、一歩その土地を離れると、なかなかお目にかかれなくなる「食」、それゆえ郷土を離れた人たちが帰郷して、いの一番に食べたくなる「食」。それがソウルフードなのだ。

行田のフライ
「古沢商店」2代目・芳子さんはきょうも元気だ。

いわゆる郷土料理ではなく、母の味でもない。子供の時から出入りしていた店だから高価でもない。長い時間をかけて、人々と店がつくりあげたその土地の味なのである。

「味はA級お値段B級」がB級グルメだったはずなのに、昨今の町おこしで、にわかにできたA級でない味のものまでB級グルメになってしまっていて私は気に入らないが、ご当地焼きそばだけでも全国十都市以上にあるのだ。コロッケ、餃子、おでん、カツ丼等もつくりやすいのか頻繁に誕生している。しかし何十年もかけて出来あがるソウルフードとして、どのくらい残るであろうか?

ソウルとは、土地から生まれた、魂、熱情、気迫がたっぷりこもった個性なのである。ソウルフードを探す旅に出かけ、さまざまな個性を味わっていただきたい。

いってらっしゃい!

博多うどん
「みやけうどん」の大きな釜。麺もだしを入れた徳利も湯煎している。

北海道

# 帯広の豚丼

**雄大にして豊かな十勝平野は食糧生産基地として、グリーンバレーと呼ばれる。そんな環境で育った豚を使って、庶民の味・豚丼が生まれ、すっかり定着した。**

豚丼は「ぶたどん」と読む。牛丼《ぎゅうどん》があるから、「とんどん」かなと迷うが。

ストレスのない豚は尻尾がくるりと巻いているという説を聞いて、風景を想像する。空は群青《ぐんじょう》、空気が澄みわたった十勝の広い草原（雪原でもよい）によく肥った丸い尻尾の豚が群をなしている。何とも快い光景だが、これを見て帯広駅前「ぱんちょう」の主人は「この豚たちを何とかおいしく食べる方法はないか？　洋食のポークソテー、カツレツではなく庶民の味で」と考えた。ヒントを得たのが鰻丼。うなぎのように甘辛いタレをつけて焼いたら食べやすく、誰からも好まれるにちがいない。この思いつきが豚丼のはじまりである。

**「元祖豚丼のぱんちょう」**の創業は昭和八年である。昭和三十年に専門店にしたところ大当り、行列が出来る繁盛店となった。「ぱんちょう」は中国語で飯亭、食事処の意味だ。極上のロースを炭火の網焼きにしている。「馥郁《ふくいく》とした香りが出て余分な脂も落ちます」と三代目。「梅」の丼のふたを取ると肉の量に驚くが、長年守られてきた肉、タレ、ご飯のおいしさにペロッと完食してしまう。取材時の一年前より毎日来店して「梅」を食べる七十代後半の女性客が話題になっていた。

百三十年前、十勝に入植した開拓の祖は「開墾のはじめは豚とひとつ鍋」と詠んだ。この地は豚とのつきあいが古いのだ。以来、養豚が盛んになり、地場産、道内産

**元祖豚丼のぱんちょう**

帯広市西1条南11丁目19
☎0155-22-1974
営業時間／11:00～19:00
定休日／月曜・第1、第3火曜

[梅]
1100円　元祖豚丼のぱんちょう

# 元祖のプライド

が手に入りやすい身近な食材になる。

元祖に人気がでると、他店もメニューに加えてきた。勉強会、情報交換が頻繁に行われる。肉の部位（ロース、三枚肉、ヒレ）を選び、基本調味料の醤油、砂糖、味醂の配合、肉を焼くための炭火、ガス、電気グリル。道具は焼き網、フライパン、中華鍋、仕上げにグリーンピースをのせるか否か、と組合わせは限りない。

**「ぶた丼のとん田」**は先代が精肉店から豚丼専門店になった。今は「たれ工房」を起こしているが、若干甘口のタレである。二代目が店を切り盛り、手間隙をかけ、手ごろな価格もあって閉店まで若者客が絶えない。特にバラぶた丼の花弁のような肉を一片ずつ食べていく快感がたまらないという声が多い。

帯広の料理人の何人かにお会いしたが、他店にない独自の味の探求に努めている姿に感服した。**「お食事処鴨川」**の主人も、趣味がぶた丼づくり、枕元にノートを

**ぶた丼のとん田**

帯広市東６条南16丁目３
☎0155-24-4358
営業時間／11:00〜18:00（売り切れじまい）
定休日／日曜

用意していてアイデアが閃《ひらめ》いた時にすぐ書きとめるほどなのだ。たいへん珍しい味噌味は十年かけて作りあげた味で、数種の味噌を合わせ、ねばり、色艶のある仕上りは他店の追随を許さない逸品である。富山のこしひかり、十勝産ロースが二百グラム、高知・四万十町《しまんとちょう》の生姜がのった堂々たるごちそうである。醬油ベース味も調味料を合わせて二週間寝かせ、火にかけて十二時間、後一週間寝かせるというたいへん手間をかけたものだ。

最近、豚肉の栄養評価がグンと上がってきた。ビタミンB群が牛肉の十倍以上もある。自律神経のバランスを整えるそうだ。ストレスを鎮める効果は絶大である。炭水化物を効率よく消化してエネルギーに変えるから、豚丼は寒冷地の食べ物として最適である。あっという間に広まり、いまや市内で食べられる店は、専門店、洋食屋、中華料理店、そば屋、居酒屋、カフェ、天ぷら屋、寿司屋まで、二百軒はあるだろうとのことである。

**お食事処 鴨川**

帯広市西１条南４丁目19
☎0155-23-9023
営業時間／11:30～14:30（夜は予約のみ）
定休日／日曜・月曜

# 若者が列をつくる理由

▲
［バラぶた丼 肉、ライス大盛り］
1100円　ぶた丼のとん田

◀上
［みそ味ぶた丼］　1480円
◀下
［醤油ベースぶた丼］　1080円
お食事処 鴨川

丼の上のごちそう

ジンギスカンの店から豚丼専門店になった**「とかち豚丼 夢の蔵」**は、新しいメニューとして塩味を加えた。手切りにした十勝豚のバラ肉を塩ダレにつけて炭火で網焼きする。ご飯の上に敷きつめ、炒めておいた玉葱をのせて刻んだ小葱を散らして出来あがりだ。脂の甘みが塩で引き出されて、よりおいしくなる。

帯広市内から三十キロ、バスで約一時間、然別湖《しかりべつ》に向かう道の中ほどにある鹿追町の**「お食事処 しかおい亭」**では、地元倶来夢《くらいむ》の豚を使用、ロース、肩ロースを炒め、そこにあらかじめ煮込んだバラ肉を加える。粉山椒《こさんしょう》がふられて、三種の肉の味を一つの丼で味わえる、スペシャル豚丼が人気である。

家庭では出来ない五十年来の個性を守る**「味処 新橋」**は黒い豚丼で名を馳《は》せている。タレが黒いのはつぎ足していくうちにカラメル状になって色がついたのだ。初見でびっくり、食べるとほろ苦さもありあっさり味で再び

**お食事処 しかおい亭**

河東郡鹿追町南町１丁目５
☎0156-66-1727
営業時間／11:00～14:00
17:00～21:00（LO.20:30）
定休日／不定休

**とかち豚丼 夢の蔵**

帯広市西23条北１丁目５
☎0155-37-9800
営業時間／11:00～21:00
無休

びっくりする。強火で短時間焼くのが基本、肉の脂がとけて、鍋に入った火で炎が上がる。カウンター越しに見ることができて子供客が喜ぶ瞬間だ。豚丼超スペシャルを注文すると道産豚のロース三百グラムが丼の上に聳《そび》え立っていて、征服したくなってしまう。

どこの店でも、二、三百グラムほどの肉量に向かいあっていると、ちょっと箸休めに十勝産豆サラダとか野菜サラダなどのサイドメニューが欲しくなる。しかし、意外と見かけないのである。

東京の牛丼屋とはちがって、女性客を多く見かける。ひとりで来て、丼をかかえる姿はとてもチャーミング。

「あちらのお嬢さんに豆サラダを差し上げて下さい」

と、あればプレゼントできるのだが。

**味処 新橋**

帯広市西 2 条南 4 丁目 6-2
☎ 0155-23-4779
営業時間／ 11:00 ～ 21:00
定休日／不定休（月に 1 回、土曜～月曜および祝日は除く）

塩味！

三種をいっぺんに

[ 豚丼超スペシャル ]
2000円　味処 新橋

▶上
[ ねぎ塩豚丼 ]
850円　とかち豚丼 夢の蔵

▶下
[ スペシャル豚丼 ]
940円　お食事処 しかおい亭

北海道

# 根室のエスカロップ

**町を歩くと少々寂しいが、伝統ある通称〝エスカ〟が、賑わいと、人々に温かさをもたらしている。**

エスカロップとは、料理事典によると、仔牛などの肉や魚の薄い切り身、またそれを使った料理、とあるが、根室では、たけのこの微塵《みじん》切りの入ったバターライスに、トンカツがのってデミグラスソースがかかった料理の名なのだ。町では通称〝エスカ〟。ケチャップライスを使う赤エスカと、バターライスの白エスカがあるが、今は「白」が主流である。市内の洋食屋はもちろん、喫茶店、市役所の職員食堂にもあり、地元のコンビニにはエスカ弁当まである。歴史は古く、五十年以上前に誕生している。駅近くの**「ニューモンブラン」**はその頃創業の店だが、昼時になると近所の勤め人が押しかけ、エスカ、エスカで活気があった。

ある日、観光客が来店、喫茶メニューのレモンスカッシュを「レスカ」と注文。聞き違いで出てきたエスカを見てびっくり、目を丸くして腰を抜かしたとか。

取材時、ニューモンブラン三代目主人の子供が二人学校から帰ってきて、店の隅で特別の小エスカを作ってもらって頬張っていた表情が、おいしさいっぱいで忘れられない。

町を歩くと少々寂しい。「味覚観光都市宣言の街・根室」の旗を掲げている。ホタテ、タラ、ホッキ、花咲ガニと海産物は豊富だが、ほかではオランダせんべいががんばっているぐらいなのだ。全国的に名をあげてきたエスカで、より賑わうことを望んでやまない。

**ニューモンブラン**

根室市光和町 1-1
☎ 0153-24-3301
営業時間／ 10:00 ～ 20:00
定休日／不定休

[ エスカロップ ]
890円　ニューモンブラン

根室を
有名にした
通称〝エスカ〟

北海道

# 芦別のがたたんスープ

**星々が降り注ぐ里の飲み会の仕上げに、身体の芯から温まる一杯。**

北海道のほぼ真ん中に位置して、緑豊かな山と森に囲まれ、市の中心部を空知《そらち》川が流れ、滝里《たきさと》湖がある。陽が沈むと遥か天空の星々が降り注ぐ里、と誇りにしている芦別《あしべつ》市には含多湯《がたたん》スープという北国にぴったりの料理がある。

簡単にいうと、小麦粉の団子入り具だくさんの、とろみのついた塩味のスープである。

戦後、旧満州から引き揚げてきた人が中国人の家庭料理をまねて、自分の店でだしたことが始まりで、以来、現在市内の十一店でメニューに定着している。看板に「炭坑町の郷土料理」とある**「きんたろう」**の丼の中には、豚肉、玉葱、白菜、なると巻、地のたけのこ、イカげそ、蒟蒻《こんにやく》、竹輪、椎茸、蕗《ふき》、もやし、玉子、そして小麦粉を捏《こ》ねたすいとんのような平たい団子。十三種の具を豚骨と数種の和風だしでとったスープに入れて片栗粉でとろりと仕上げている。何とも栄養バランスのとれた逸品で、これを基本としたアレンジメニューとして、エビ入りがたたん、がたたんスープカレーも人気である。

石炭産業が盛んな頃、人口が七万人の賑やかな町であった。がたたんは特に炭坑マンに、飲み会の締めの一杯として愛されていた。閉山になり、今一万五千人の人口であるが、冬に身体の芯から温まるものとして、また観光客に知れわたり、名物にもなって活躍しているのである。

**きんたろう**

芦別市北４条西１丁目3-19
☎ 0124-22-8205
営業時間／ 11:00 ～ 20:00
定休日／月曜・第２日曜（都合により変更あり）

# 十三種の具が入った！

北海道

# 函館のチャイニーズチキンバーガー

**静かな函館の街で、チャイニーズチキンバーガーの周りにはたくさんの人が集って、賑やかだ。名物「夜景」「イカ」がまけてしまうかもしれない。**

夜景が美しいからバスを連ねて客がくる。美味しいイカにすぐありつける。こういった恵みの地にいると、男たちは仕事に対する意欲も工夫もなくだらしがない、と函館の長老が怒っていた。そういえば中心地を歩いても、何となく覇気が感じられず、寂寥感が漂う。

しかし、ここだけは別世界、たくさんの人で賑わい、創意工夫もすごい店があった。その名は**「ラッキーピエロ」**。市内と函館近郊に十七店舗をもち、「うまい門には福来る、福笑い。福旨い」とかかげている。ダントツの人気メニューがチャイニーズチキンバーガーだ。大ぶりチキンの唐揚げが三個、レタス、マヨネーズと共にパンにはさまれて、味つけは醤油ベースの中華風甘辛だれ。すべて注文を受けてつくるので約十分の待ち時間、だから「うちのはファストフードではありません」と店主。

東京で何番目においしいというより、地方でオンリーワンが良いと函館で創業、そろそろ三十年だ。十五、六年前にロックバンド「GLAY」が「ぼくたちの出身地・函館の旨いもの」として紹介してから、より繁盛店となった。地元の食材を使い、身体に、心に、地域環境にやさしい店としても名を上げて、若者もベテランも大きな口をあけてかぶりついているのである。

全店で一年間にこのバーガーがいくつ売れるかお教えしましょう。

三十万個です！

**ラッキーピエロ 函館駅前店**

函館市若松町 17-12
函館駅前棒二森屋本館 1 階
☎ 0138-26-8801
営業時間／ 10:00 ～翌 0:30
(土曜のみ翌 1:30 まで)
年中無休

AMBURGER
KY PIERROT
AKODATE

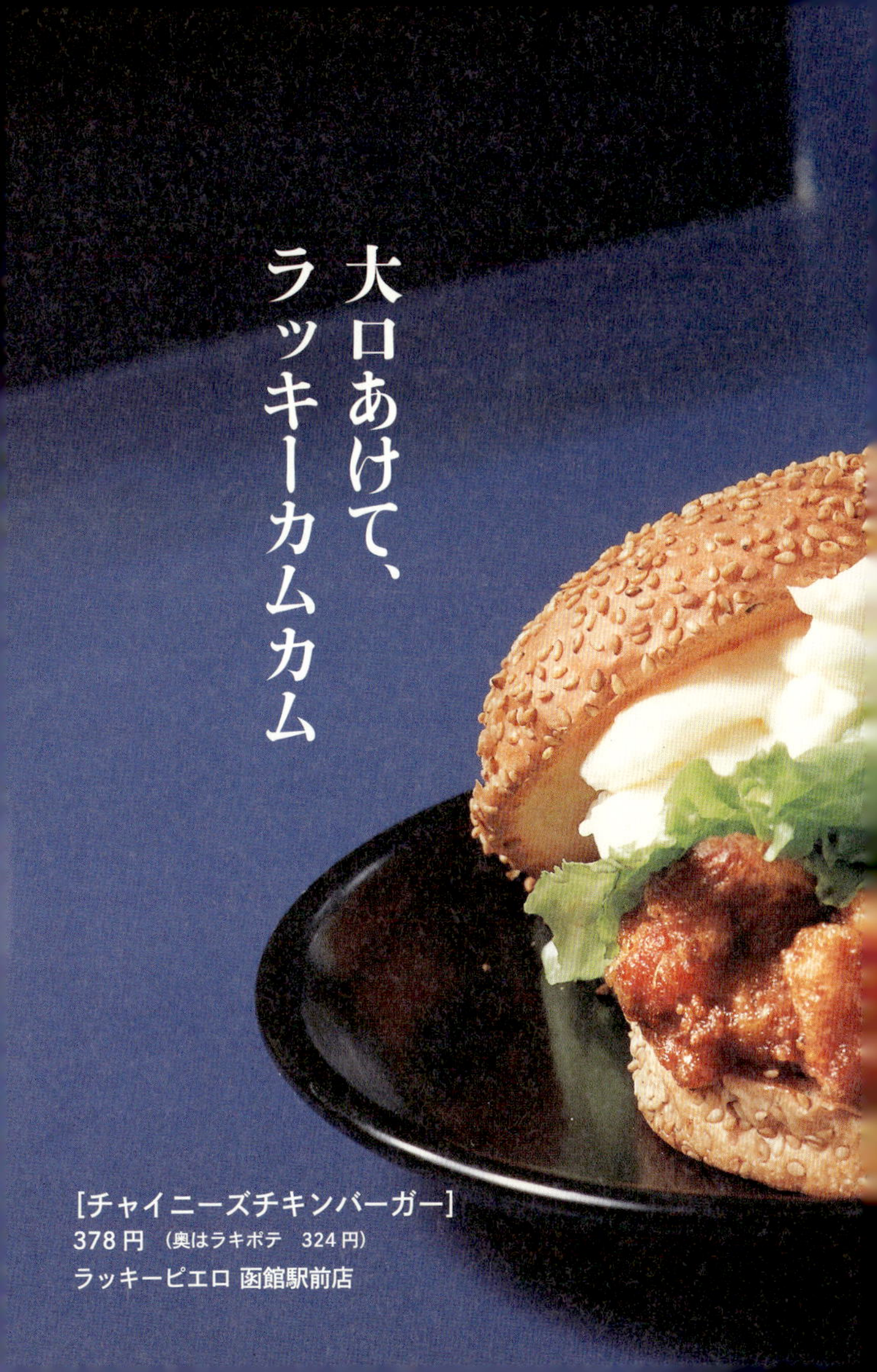

# 大口あけて、ラッキーカムカム

[チャイニーズチキンバーガー]
378円 （奥はラキポテ　324円）
ラッキーピエロ 函館駅前店

東北

# 仙台の冷し中華

**冷し中華は夏の楽しみとして仙台で誕生。通年のメニューの店も増えた。皿の上の姿に先駆者の貫禄が出てきて。**

仙台が冷し中華の発祥地であるのをご存知か？　地元ではあまり知られていないが、観光客は皆知っていることだ。なぜなら、あらゆるガイドブックに詳しく紹介されているのだ。

笹かまぼこに牛たんと舌状のものが好きな仙台に、どうして約八十年前に冷し中華が発生したのであろう。杜の都仙台の夏は短いが厳しい。冷房がない昭和十二年のことである。中華料理店の夏場の売上げが減少して、これを何とかしようと組合あげて考案されたのが涼拌麵《リャンバンメン》。後に、わかりにくいということで冷し中華となった。当時の組合長だったのが現在の**「中国料理 龍亭」**の初代主人（四倉義雄さん）である。冷たいだけでなく、暑さに負けない栄養のあるものにしようと具だくさんにした。組合の旦那衆がチンドン屋を雇い、幟《のぼり》をあげて練り歩き普及に努めたのであった。その努力が実を結び、全国に発信されて、発祥の地として定着、ガイドブックに取り上げられるまでになったのだ。そして冬に観光客が来て、食べられないのは失礼であろうと、夏の風物詩としてだけでなく、通年のメニューにする店が増えていったのである。

もちろん地元民にもすぐ迎えられた。ここで紹介する店は国分町《こくぶんちょう》界隈が多い。この町は東京なら新宿歌舞伎町で、夜は酒の前後に食べる客、また隣接してショッピングモールやデパートがあるから、昼間は女性客に愛され

**中国料理　龍亭**

仙台市青葉区錦町 1-2-10
☎ 022-221-6377
営業時間／ 11:00 ～ LO.14:30　17:30 ～ LO.21:00
(日曜・祝日 11:00 ～ LO.14:30　17:00 ～ LO.20:30)
定休日／不定休

# 元祖だが、マイナーチェンジを続ける

[ 涼拌麵（元祖冷し中華）]
1350 円　中国料理 龍亭

て、国分町とともに冷し中華は発展したとも言えよう。「龍亭」では、別皿の具が先ず出てくる。錦糸玉子、焼豚、胡瓜、ロースハム、蒸し鶏、クラゲ。麺の皿には生野菜に海老。麺があがるまで六分。つまんでもいいし、じっと待っていてもよい。タレは醤油かゴマを選ぶ。現在は四代目だが味の研究に余念がない。店内はアットホームな雰囲気があって女性客が多い。

**「中国美点菜　彩華《さいか》」**ではタレが二種。ゴマダレと客の七割が選ぶ醤油ダレは、主人自らが必ずつくる。こだわる具材は中国からの上物のクラゲ、海老、カニ、錦糸玉子、胡瓜、手間をかけての蒸し鶏と焼豚、トマトは使わずオレンジ。創業は大正十四年。酢豚、焼売、冷し中華は昔から味が変わりません、とのこと。三越の客から夜の街の客までファンが多い。

　仙台の冷し中華を語る上で欠かせないのが駅前にあった仙台ホテルの「寿林《じゅりん》」という店。二〇〇九年にホテル

**中国美点菜 彩華**

仙台市青葉区国分町 2-15-1
彩華ビル 2F、3F
☎ 022-222-8300
営業時間／ 11:30 ～ 15:00　17:00 ～ LO.21:45
(日曜・祝日 11:30 ～ 15:00　17:00 ～ LO.21:00)
定休日／月曜

は閉じたが、当時のガイドブックに必ず紹介されていた。牛たんを食べたあと、帰る前に駅前のホテルの冷し中華で仕上げようとした客が多数いたはずだ。一日二百食も出たという話も伝わっている。「寿林」の料理長は閉店後製麺業に転身、亡くなったが、子息が継いでいる。当時、同ホテルのもう一つの本格中華料理店の料理長で、時々「寿林」を手伝ったりしていたのが現在**「広東飯店美《び》香《こう》園《えん》」**の主人である張志彪《チョウシピョウ》さんである。広東省出身で他のホテルの料理長を経験しているから、あの味をもう一度との客の要求に応じられる唯一の人だ。僚友の麵を使用して幻の味の復活に力を入れている。しかし、ホテル並みの値段をつけられず辛いようだ。美香園特製冷し中華は五月中旬から十月上旬までの期間限定だが、蒸し鶏、カニ、胡瓜、ロースハム、椎茸、錦糸玉子、クラゲ、海老がのったものを、甘酢入り醬油ダレで食べる。「当時の味にかなり近いものになってます」と張さん。

**広東飯店 美香園**

仙台市青葉区国分町 3-6-16
☎ 022-262-0731
営業時間／ 11:30 ～ 14:30　17:30 ～ 22:00
（日曜・祝日 11:30 ～ 15:00　17:30 ～ 21:30）
定休日／不定休

# 美しく、貫禄の逸品

[ クラゲ入り五目冷し中華 ]
1510円　中国美点菜 彩華

# よみがえった幻の味

[ 美香園特製冷し中華 ]
1200円　広東飯店 美香園
（5月中旬～10月上旬の期間限定）

**「中国料理　芳珍《ほうちん》」**は冷し中華が六種もある。ふつうの冷し中華麺、五目、クラゲ、カニ、チャーシュー、バンバンジー。五目には、蒸しアワビ、カニ、イカ、クラゲ、焼豚、胡瓜、海老、椎茸、錦糸玉子、トマト、もやしの十一種がのって豪華だ。「冷し」の中でも人気№1である。カニは現主人が子供の頃、お父さんにねだってメニュー入りさせたもの。そのお父さんが、ざるそばは一年中あるのに、冷し中華が期間限定なのはおかしいと、通年のメニューにした。「スープも手間をかけているので飲みほして下さい」とのこと。

**「久美食堂」**の近所には東北大学の医学部、歯学部がある。若者の腹をいっぱいにさせたいと盛りがどんどん進んだようで、大人気の食堂だ。冷し中華はふつう具を細切りにするが「うちのはどーんと大きいまま出します」。冷し坦々麺は焼豚、茹でキャベツ、茹で玉子、貝割れ、茹でニラ、玉葱（生）、水菜、メンマ、糸唐辛子をゴマダ

**久美食堂**
仙台市青葉区柏木 1-9-33
☎ 022-234-1019
営業時間／ 11:00 ～ 14:30
17:00 ～ 20:00
定休日／月曜（臨時休業あり）

**中国料理 芳珍**
仙台市青葉区国分町 2-10-2
芳珍ビル 1F
☎ 022-261-3434
営業時間／ 12:00 ～ LO.14:00
18:00 ～ 24:00（金曜 12:00 ～
LO.14:00　18:00 ～翌 2:00
土曜 18:00 ～翌 2:00）
定休日／日曜・祝日

レで食べる。本来は定食屋で若鶏の天ぷら、肉野菜炒めの定食が人気だ。冷し中華も冷し担々麺も五月中旬から九月初めまでの限定なのが、大変残念である。

**「台湾中国料理 燕来香《えんらいしゃん》」**では、冷し中華の応援に牛たんが加わった。ずいぶんと豪華な応援でずるいくらい。塩漬けしてスモークしたものが炙ってある。厚切りにして四枚。細麺に、胡瓜、錦糸玉子、レタス、もやし、トマト。自家製の優しい風味のあるマヨネーズが入った白ゴマダレをよく混ぜてから、牛たんを味わいながら冷し中華を楽しんで欲しい。添えられた特製ラー油をひとたらし、また別の世界が広がります、とのことで充分楽しめた。

しんしんと雪降る夜、ひとり、冷し中華を前にして、細く切られた具の一本一本をつまみながら、夏の日の思い出にひたる。

なんていうのも良いかな。そうだ仙台、冬にも行こう。

**台湾中国料理 燕来香**

仙台市青葉区国分町 2-2-2
ホテルグランテラス仙台国分町 B1
☎ 022-262-7147
営業時間／ 11:30 ～ LO.22:00
無休

冷し中華が六種！
これが人気No.1

サラダ
感覚で、
腹いっぱい！

# 超大物が加わった

[ 牛たん冷やし中華 ]
1500 円　台湾中国料理 燕来香

▶上
[ 五目冷し中華麺 ]
1340 円　中国料理 芳珍

▶下
[ 冷し担々麺 ]
950 円　久美食堂
（5月中旬～9月初めまでの期間限定）

## 東北地方ではどうして冷たい麺がソウルフードになっているのだろう。

旅をするとこの地はどんな麺を食べているのかと気になって地元の人に訊ねることにしている。とくに関心をそそられるのは東北地方だ。思いつくまま書き出すと、秋田は稲庭うどん、山形は村山のそば街道、冷しラーメン、河北町《かほくちょう》の冷たい肉そば、宮城の白石温麺《しろいしうーめん》、盛岡はたくさんあって、わんこそば、冷麵、ラーメンも名店があるし、じゃじゃ麺という独得のものもある。仙台は冷し中華発祥地……、青森がないかなと友人に訊いたらラーメンだ、って。そういえば焼き干しを使ったおいしいのを駅前で食べたことがある。

ここで、気がついた。たいせつなことだ。温かい麵もあるが、「冷し」がつくのがかなり多いことに。寒い北国にどうして冷たい食べものが定着しているのだろう。

部屋の中は暖かいし、車で出かけて暖房のきいた店で食べるのだから、外の温度は関係なく、冷たいのがおいしいのだという人もいる。また、北国でも近頃は真夏日が多く、暑さに慣れてないから、冷たい栄養価の高いものを取る、という説もある。食材でも鶏の脂は冷たいだし汁で固まらないし、冷たい方が麺ものびず、ずうっとおいしい。これも説得力がある。

偶然手にした韓台圭著『女房が歓喜する韓国家庭料理の秘伝』によると、冬の長い韓国ではオンドルで暖まった部屋で冷麺を食べるのがおいしいと言われるが、本当の目的は、冷たいものは消化に時間がかかるので、それによって体内で少しずつエネルギーを燃焼させていくことにあるという。それに対し、温かいものを食べると、消化が早いかわりに体内のエネルギーも早く燃焼する。よって冬の力をつける効果的な食べものは冷たいものとなる。ドイツの食生活も温かい食事は一日一回のみ。やはり寒い国の生活の知恵なのだろう。逆に中国では、本場の中華料理には冷たいものはない。体を冷やすのは良くないという習慣からだ。どうも日本の東北式と韓国式に賛同したくなる。

東北

山形県

# 河北町の冷たい肉そば

**山形盆地の人々が、冬でも冷たいのが好きなのは、生活の知恵からか、それともおいしさがずうっと続くからかな？**

山形県河北町《かほくちょう》は、最上川と寒河江《さがえ》川に挟まれた人口一万九千人の町。名物肉そばの旗をかかげた店が十三軒。特に冷たい肉そばが大モテで、冬でも客の八割が注文する。肉とは鶏肉である。養鶏場が多かったのと、冷たいだし汁でも鶏の脂は固まらないからだ。自家製そばが微妙にちぢれて、たっぷりのつゆとよくからむ。**「いろは本店」**には他県からの客も多い。山形は冷しラーメン発祥の地でもあり、皆さん冷たいのがお好きなようだ。

**いろは本店**

西村山郡河北町谷地中央 2-1-15
☎ 0237-72-3175
営業時間／ 11:00 ～ 17:00
(売り切れじまい)
定休日／木曜

[冷たい肉そば]
650円　いろは本店

東北

# 会津若松のソースカツ丼

**しかも競いあうように肉の量が増えている。たいへんだ！**

**会津若松市では二百軒がメニューにのせている。**

**秘伝のソースにくぐらせてのせる。これがソースカツ丼である。**

**丼のご飯にキャベツの千切りが敷かれ、揚げたてトンカツを**

肉好きの間で、囁《ささや》かれている話題がある。近頃、肉好きは若者男子だけではない。肉食女子会、肉食おじい隊もあって、だいぶ層が厚くなっているのだが、その人たちの間で、「会津若松のソースカツ丼はすごい！」と密かに言い交わされているのだ。密かになのは、有名になって人が押し寄せ、店に入れない、値が上がる、などとなるといやだなという懸念からである。

その会津若松のソースカツ丼をご紹介しよう。ホカホカご飯にキャベツの千切りが敷かれる。各店工夫をこらした秘伝のソースが用意されていて、揚げたてのカツをソースにくぐらす。これが店によって上からかけたり、煮込んだりと異なるが、ソースとからめて丼の上にのせて出来上がり。割り下で、玉葱とともに煮て玉子でとじる一般的な姿と違った庶民の味であり、ごちそうである。

**「名物カツ丼の店　白孔雀《しろくじゃく》食堂」**は初代が福井のある店で初めて食べ、自分でもやってみたい、お腹いっぱい食べてもらいたいと始めて七十年になる。ソースカツ丼ブームの火付け役だ。私は二十五年前に訪ねたことがあるが、丼の上の巨大物体に度肝《どぎも》を抜かれた記憶がある。現在、味も大きさも三代目が引き継いでいる。百八十センチ、百十三キロの巨体で、本ロース肉の脂身を取り（後にラードとして使用）、すじを切り、食べやすい厚さに切る。キャベツはかなり細い千切り、繊細な下ごしらえをしている。会津米のご飯、カツ、キャベツと一緒に食

**名物カツ丼の店 白孔雀食堂**

会津若松市宮町 10-37
☎ 0242-27-2754
営業時間／11:00 ～ 15:30 ごろ（売り切れじまい）
定休日／月曜・金曜（祝日の場合は営業）

# 震災の時、ソースの鍋を持って逃げました

[ 名物カツ丼 ]
1250 円　名物カツ丼の店 白孔雀食堂

べて下さい。タレも開店以来つぎ足して、一枚一枚カツをくぐらせるから、お客とともにソースを作っているようなもの。震災のときは、ソースの鍋をかかえ逃げて、その格好がおかしかったと近所の人に笑われたそうだ。

鶴ヶ城三の丸口にある**「最上屋《もがみや》」**は大正六年の創業。ソースカツ丼は五十年前にメニューに加わった。見て、舌で憶えての秘伝のブラックソースを揚げたてのカツにかける。カツのサクサク感を残したいから、かけるのだそうだ。キャベツがたくさんでご飯がすぐ現れないほど。肉の量が多いので、バランスよく食べて、お客さんに健康であってほしいのです、と四代目女主人。姉とともに揃いの黒いエプロンで切り盛りしている。

**「なかじま」**は昭和二十三年に洋食屋として創業。初代が洋風のソースで煮込んで、玉子でとじたものがこの店の元祖たるところのユニークな丼である。「煮込むことによって衣のサクサク感はなくなるが、しっとりとまろ

**なかじま**

会津若松市上町 2-39
☎ 0242-24-5151
営業時間／ 11:00 ～ 14:30
17:00 ～ 20:00（月曜は昼のみ営業）
（土曜・日曜・祝日 11:00 ～ 15:00
17:00 ～ 20:00）
定休日／火曜（祝日の場合は営業）

**最上屋**

会津若松市城東町 1-41
☎ 0242-26-9035
営業時間／ 11:30 ～ 15:00
（売り切れじまい）
定休日／月曜（変更の場合あり）

やかになる。ソースもカドが取れて優しい味になり、玉子でとじるとさらに温和になる」と二代目。十年前にカツ丼専門店になり、現在、伝統会津ソースカツ丼の会会長。福島県産ブランド豚・健育美味豚を使用、食材はすべて会津産。煮込まないキャベツソースカツ丼もある。

これらの個性的な先人たちがいて、追いつけ追い越せと研鑽を積んで、会津若松は一大ソースカツ丼タウンとなっているのだ。

味の探求は良いこと。**「寿《ことぶき》・治《じ》左《ざ》ヱ《え》門《もん》」**はソースに味噌が加わっている。しかも自家製である。亡くなった主人が十年かけて研究。今は奥さんの弟が引き継いでいる。この味噌が入って、コクがあり、深みのあるソースになっている。柔らかい肉も特筆に値する。グリーンピース（季節で異なる）が目に優しい。寿司屋から居酒屋、そして現在の蕎麦屋になり、ソースかつ丼が人気メニューなのだ。

各店、米、野菜、肉に地元産を使うよう徹底している

**寿・治左ヱ門**

会津若松市追手町 7-23
☎ 0242-28-3985
営業時間／ 11:00 ～ 15:00
定休日／不定休

元祖ブラックソース

ソースで煮込み、玉子でとじる

[ソースかつ丼]
900円　寿・治左ヱ門

▶上
[ソースカツ丼]
1050円　最上屋

▶下
[煮込みソースカツ丼（ロース）]
1050円　なかじま

のには感心する。だが、少々心配事がある。年々一人前の肉の量が増えていく傾向がある。四百グラムから五百グラム以上のカツが、のせられるようになっているのだ。

**「むらい」**は肉好き一番の注目店。一人前五百五十グラムから六百グラムのカツなのだ。揚げ時間は十分。注文して十五分ほどで卓上に。ご飯、キャベツ、丼の重さも入れて一・五キロのごちそうの盆が運ばれてくる。初めての客は誰でも、先ず「ワーオッ」と叫んで、顔を近づけて三度見る。それから写真を撮って食べ始めるのだ。完食率が七〜八割というから驚く。「お客さんの喜ぶ顔を見ているうちにどんどん大きくなった」そうだ。十一時開店で、すぐ満席になる。午後一時半ラストオーダー。「年だから疲れちゃう。利益は少ないが、お客さんの笑顔で商いをしているのです」と七十代半ばの店主。

会津若松駅から約八キロ、車で十五分の郊外にある**「十文字屋」**も賑わっている。店の裏側に磐梯山が見える。

**むらい**

会津若松市門田町中野字屋敷 107-1

☎ 0242-26-1037

営業時間／ 11:00 〜 LO.13:30

（売り切れじまい）

定休日／木曜

錦手《にしきで》の丼に盛られた四枚のカツの連なる様が磐梯山のようであることから名付けられた磐梯カツ丼が評判だ。約四百五十グラムのカツがのっている。ラーメン屋で創業したが、カツ丼の人気がすさまじく、肉が食べたくなったら来るという遠来の客の往来がはげしい。食べ方をおそわると、一緒に運ばれてくる別皿にカツ三枚をのせて待たせ、一枚ずつ食べるのが良いようだ。

他の店でもビッグなカツの店では、空き皿がついてくる。丼に蓋のある所なら、それがカツの一時待機場所である。ご飯とキャベツが見えて一緒に食べられるのである。持ち帰り用容器もあるが、どこでも客の八割近くが完食するという。大丈夫かなあ。

隣の客は、よくカツ食う客だ。

これを早口で三回続けて言えたら、あなたは会津若松ソースカツ丼ファンクラブに入れます。

**十文字屋**

会津若松市河東町郡山字村東 15-3
☎ 0242-75-3129
営業時間／ 11:00 ～ 14:30
(土曜・日曜・祝日 11:00 ～ 19:00)
無休

# 丼の上のオブジェ

[ 磐梯カツ丼 ]
1200円　十文字屋

▶
[ ロースカツ丼 ]
1400円　むらい

関東

# 栃木のじゃがいも入り焼きそば

**焼きそばにじゃがいもが加わって、視て、嗅いで、味わって楽しみが倍加し、満腹感と幸福感がくるのだ。**

栃木市は蔵の街といわれる。北関東有数の商都であったからだ。日光東照宮への街道の宿場町として、また巴波《うずま》川の舟運での江戸との交易港として栄えて、隆盛を極めたのだ。今もかつての豪商たちの蔵を訪ねる観光客が絶えない。

この商都には問屋も多く、そこで働く人たちがおやつにじゃがいもをふかして食べたり、じゃがいものきんぴらを食べたりしたのである。戦時中より、栃木県南で焼

**大豆生田商店**

栃木市薗部町 2-19-32
☎ 0282-22-3796
営業時間／ 10:00 ～ 19:00
定休日／月曜
(祝日の場合は翌日休み)

きそばにじゃがいもを入れるようになった。栃木市では「じゃがいも入り焼きそば」、足利市では「ポテト入り焼きそば」と呼んでいるのはおもしろい。

**「大豆生田《おおまみゅうだ》商店」**はじゃがいも入り焼きそばの専門店。麺、じゃがいも、キャベツ、挽肉入りスープ、青海苔、紅生姜がどの店でも決まったスタイルだが、ここのボリュームはすごい。並盛にいもフライをつける注文が多いようだ。威勢のいい女主人が「懐かしい味と、里帰りすると必ず寄ってくれるお客さんがたくさんいます」と。

**「こうしんの店」**も同じ作り方であるが、辛口ソースにウスターソースをブレンドしてさっぱり味にしている。金魚湯という銭湯の裏手にあり、店の前には商売繁盛とピンピンコロリと逝《い》きたい願かけの庚申《こうしん》様がある。

**「好古《こうこ》壱番館」**は大正十一年に建てられた洋風蔵建築で、手打ちの日本そばがメインだが、お洒落な店内で、ゆっくりとじゃがいも入り……を楽しむのも粋ではないか。

**好古壱番館**

栃木市万町 4 - 2
☎ 0282-24-1188
営業時間／ 11:00 ～ 15:30
（夜は要予約）
定休日／火曜

**こうしんの店**

栃木市室町 3-14
☎ 0282-23-4264
営業時間／ 10:30 ～ 17:00
（LO.16:30）
＊持ち帰りは 17:00 まで
定休日／日曜・水曜

# 専門店の心意気

[じゃがいも入り焼きそば（並盛）]　380円
いもフライ　1串80円
大豆生田商店

## 庚申様のお恵みがあるかも

[じゃがいも入りやきそば（並）]
380円　こうしんの店

## 洋館蔵でゆったりと

[じゃがいも入り栃木やきそば]
500円　好古壱番館

関東

# 行田のフライとゼリーフライ

**フライとゼリーフライを食べさせる店を「フライ屋さん」と呼び、埼玉県の行田には五十軒以上ある。足袋《たび》の町としか知らなくて、ごめんなさい。**

地元でフライと呼ばれる行田フライは、小麦粉を水で溶き、熱したフライパンで焼きながら葱、肉、玉子などの具を入れてソースまたは醬油だれをつけて食べるもの。クレープとかお好み焼きのようなものだ。ではなぜ、フライと呼ぶのか。聞いてみても、誰もわからないと答える。**「古沢商店」**は行田フライの発祥の店と言われ、二代目主人の古沢芳子さんは昭和六年生まれ、十代の頃から店を手伝っている。芳子さんがお母さん（平成十年

**古沢商店**

行田市天満 5-14
☎ 048-556-4317
営業時間／ 10:30 ～ 16:00
定休日／不定休

に百五歳で亡くなった）に聞いてもわからなかった。ただ、フライパンで焼くから「フライ」になったのではないかとのこと。この地は小麦粉の産地で、農家のおやつや行田の足袋工場で働く女工さんのおやつとして定着したようだ。

もう一つのゼリーフライは、見た目は衣のついていないコロッケのようなもの。じゃがいも、葱、人参にたくさんのオカラが入っているのが特徴で、食物繊維が豊富でヘルシー。ではどうしてゼリーフライの名がついたのですかと問うと、小判型であるから「銭のよう」、「銭フライ」となり、銭がなまって「ゼリーフライ」になったというのだが、何とも頼りない。私だったら「銭形フライ」にしたが。**「行田ゼリーフライ本舗 たかお」**の店主は「行田フライ・ゼリーフライ友の会」の会長だ。元は大豆の粉で作っていたのが、オカラを使うようになり、つなぎにじゃがいもを入れるとのこと。東京の学校給食で出す例もあるそうでびっくりだ。

**行田ゼリーフライ本舗 たかお**

行田市本丸 1-15
☎ 048-556-3610
営業時間／ 11:00 ～ 20:00
定休日／月曜（祝日の場合は営業。
ほかに臨時休業あり）

フライパンで焼くから
フライになった？

［フライ（桜海老、青海苔入り）］
400円　古沢商店

# 銭がなまって ゼリーになった?

[ゼリーフライ 1 人前（2 枚）]
200 円 （奥は行田バーガー　150 円）
行田ゼリーフライ本舗 たかお

## ご当地ソースを見つける楽しみ
## ――両毛地区のソース事情。

栃木県南西部から群馬県南東部にまたがる両毛地区には、ソースを使うソウルフードがある。地区別にまとめてみると、次のようになる。

栃木市　じゃがいも入り焼きそば
佐野市　いもフライ
足利市　ポテト入り焼きそば
太田市　ポテト入り焼きそば
桐生市　子供洋食

桐生市の「子供洋食」とは、じゃがいも、葱、桜海老を炒め、ソースとかつおだしで味付けし、青海苔と紅生姜をのせたもの。屋台の引き売りがメインで昭和初期からの子供たちのおやつであった。
栃木県南部でも、じゃがいもと葱の醤油炒めがソース味になって定着し、さらにじゃがいもに麺が入るようになって「チンチン焼きそば」として屋台で売り歩いていた。その子供のおやつが町の名物となり、伝統の味として全国に知れ渡るようになったのである。

さあ、子供の時からソース味に馴染んでいる人々の町である。地元のソース会社が各町にある。栃木市は林屋本店の蔵の街ソース、オリヅルソース、足利市の月星ソース、北陽千鳥ソース、佐野市はマドロスソース、ミツハソース。豊富な水と肥沃な大地からの農作物の産地であるから、ご当地ソースがこれほどあるのだ。百二十年の歴史を持つ月星には、「焼そばソース ビーフエキス入」があり、「まじ うまいっす」とラベルにあった。林屋は創業八十年、「蔵の街 鉄板焼風焼そばソース」を出している。いずれもウスターソースだが、一般的なソース消費量を全国的に見ると関西以西が絶対的に多い。両毛地区は特別であろう。

私の住む西東京のスーパーでは、大手メーカーの並ぶ脇に広島オタフクソース、そしてその隣にはなにわ名物串かつソースが進出していて、「二度漬け禁止! たっぷり漬けてや!」とあった。全国のご当地ソースをめぐる楽しみができつつある。

関東

# 秩父のわらじカツ丼

**江戸時代から続いている小鹿野《おがの》歌舞伎の町に、わらじのようなカツ丼が名物として一枚加わった。いや正確にいうと二枚だが。**

わらじのような大きなカツが一足分、つまり二枚のっている。先ず一枚を、丼のふたを皿にして、待っててね、と取っておく。そうしないとご飯に箸が届かないのだ。そして丼の中のもう一枚にかぶりつく。厚さ五ミリほどのロースだ。揚げたてで柔らかく、醬油とみりんのタレがかかっているがくどくない。町は「粋だね！　昭和の大衆食」と宣伝しているが、いえいえごちそうだ。一枚食べても、まだ一枚。この贅沢感がたまらない。

**安田屋**

秩父郡小鹿野町小鹿野 392
☎ 0494-75-0074
営業時間／ 11:00 ～ 13:30
17:00 ～ 18:30
定休日／水曜（祝日の場合は翌日休み）

一枚食べても、
まだ一枚

[ わらじカツ丼 ]
850円　安田屋

関東

# 富津のあなご丼

**南房総の富津《ふっつ》は昔からあなご漁が盛んである。身が柔らかく、良質な脂ののった江戸前あなごを使った丼が町の人気メニューにもなっている。うなぎが高騰して注目度が急上昇。品切れの日もある。心配だ。**

「天然のいけす」と言われる東京湾。魚だけで二百七十種も確認されている。漁獲量が多いだけでなく、「江戸前もの」として、他の海でとれたものと区別され、高い値段で取り引きされているのだ。あなごも然り、江戸前あなごは上等なあなごの代名詞になるほどの高級ブランドである。

そのあなご漁の本拠地、千葉県富津市を歩くと、あちこちで「はかりめ丼」の赤いのぼり旗を見かける。はかりめとは、港や市場で使われる棒秤の目盛りがあなごの体の模様と似ているので、関係者の間であなごの別称となっている。はかりめ丼は煮たあなごをあつあつのご飯にのせ、甘辛いタレをかけたものである。富津にあがるあなごは肉が厚く、ふっくらとして柔らかい。脂もたっぷりあって、この「うんめぇ」(房州弁)ものを広く知ってもらおうと、平成十三年に「はかりめ倶楽部」が誕生し、飲食店十四店が参加している。

あなごの煮汁は、店の味があなごにしみこんでいくと、あなごからもお返しに脂が煮汁にしみ出してくる。前に煮た煮汁で次のあなごを煮るという繰り返しが、しっとりとした仕上がりになるようだ。店の歴史とともに味が良くなって、いい店うまい店が定着し、あなごの町として客を集めてきているのだ。

**「寿司活魚料理 いそね」**では、はかりめ二色丼が人気である。二種類の煮あなごが食べられる。Lサイズのあ

**寿司活魚料理 いそね**

富津市岩瀬993-4
☎0439-65-3535
営業時間/11:00〜LO.20:00(不定休憩時間あり)
定休日/月曜
(祝日の場合は11:00〜LO.16:00の営業)

# 二色のはかりめ、満腹メニュー

［はかりめ二色丼］
1960円　寿司活魚料理 いそね

なごを四十年来使用の煮汁で煮て、温かい白飯にのせ特製のタレをかけたはかりめ丼と、もうひとつは白煮に天然塩とレモンで味つけをして、酢飯を使うさわやか丼で、それらを同時に味わえるのだ。二代目主人の考案したメニューだが、食べ方を問うと「はかりめ丼を先に食べ、さわやか丼で終わって下さい」とのこと。はかりめ倶楽部の現会長の店である。

はかりめ丼ののぼり旗が目立つ店構えの**「平兵衛」**では重箱を使い、あなごがみごとにきれいに並べられている。他の店では見られない佇まいだ。この店では、あなごが最も脂ののった良い時に、大量に仕入れて煮る。煮上がったら丁寧に平らにのして仕込んでおくのだ。それを焼き、タレをかけて客に提供しているが、その丹念な仕事は店主のお人柄からくるのであろう。旬のあなごが一年中味わえる店を奥様と二人でしっかりと守っている。

**平兵衛**

富津市小久保 2865-1
☎ 0439-65-0323
営業時間／ 11:30 ～ 14:00
17:00 ～ 21:00
定休日／木曜

あなごは、なにかとうなぎと較べられる。低カロリーで高たんぱく、風味はよりあっさりしている。ビタミンA・D・Eがたっぷりあって、コレステロールと中性脂肪を減らし……、煮たり焼いたりのほか、刺身にしても揚げても良しだが、これはうなぎにできるのであろうか？

いろいろなあなご料理が楽しめる**「お食事処　大定《だいさだ》」**では穴子フライがあって、からし醤油で食べるのがおすすめのようだ。この店の焼穴子重（特上）は身が厚く、ふっくらしてボリュームのあるのが二本のっている。活けを酒で煮てから焼いている。うなぎのように焼いてから蒸すとあなごはパサパサになり難しいようだ。仕上げるのに手間はかかるが一番人気である。皮の焼いたところを上にして見せるのがうなぎと異なるところ。

**「味のかん七」**では、温かいご飯に煮ツメがかかった煮あなごがたっぷり、地元産の刻み海苔、口直しにと紅生姜、このはかりめ丼が、たくさんあるメニューの中でNo.

**味のかん七**

富津市千種新田 1164
☎ 0439-65-1417
営業時間／ 11:00 ～ 15:00
16:30 ～ LO.21:00
定休日／火曜（祝日の場合は営業）

**お食事処 大定**

富津市富津 2027
☎ 0439-87-2021
営業時間／ 11:00 ～ 20:00
（LO.19:30）＊要問合せ
定休日／月曜
（祝日の場合は翌日休み）

[ はかりめ重 ]
1200 円　平兵衛

◀
[ 焼穴子重（特上）]
2646 円　お食事処 大定

手間はかかるが
これが売りものです

1である。広い客席に、広い厨房、かなりの量のあなごがここで捌《さば》かれる。富津の隣町のアウトレットの客も足を延ばして食べにくるそうだ。店主ははかりめ倶楽部発足時の初代の会長である。

**「和風料理 宮島湊本店」**は、湊川にかかる中橋のたもとにあって、ゆったりとした雰囲気で食べられる。お重の蓋を開けると、ご飯に錦糸玉子と胡瓜の千切りが敷かれ、煮ツメがかかった煮あなごが横たわっている。皮目をあぶっているので香ばしさが漂う。ボリュームはあるが、「皆さん、ペロッと食べる」そうだ。豆腐とあなごのはさみ揚げのオリジナル料理もある。地元客が八割、ゴルフ、釣り客、近所の別荘族で大忙しの店だ。

**「ひろ寿司」**では寿司屋のはかりめ丼が味わえる。寿司飯に自家製だし巻玉子、胡瓜の千切り、あなごはいたみやすいのでギリギリまで活かして、寿司種として煮ている。胡瓜は他店でも使われているが、彩りが良いだけで

**和風料理 宮島湊本店**

富津市海良 115-2
☎ 0439-67-1178
営業時間／ 11:00 ～ 14:30
16:30 ～ LO.21:00
(土曜・日曜・祝日 11:00 ～ LO.21:00)
無休

なく、あなきゅうという巻ものの定番があるほど、あなごと胡瓜は味の相性が良いのだ。店主は東京の寿司屋で修業している。あなごのバッテラ、押しずしもある。

うなぎと大きく異なる点は、値段がお手頃ということである。うなぎの値上がりは驚くほど。私の愛する店は、入れ込みの大座敷で食べるが、並のきも吸いなしで四千五百円!であった。これでは年二回ほどの楽しみを改めざるをえない。スーパーでおばさんの「うなぎの値段がうなぎ上りで、あなごに代える」という叫びも聞こえた。東京湾の海底近くを生活の場としているあなごの出番が俄《にわか》に増えてきた。あなごは四月から入梅の頃が旬であるが、品薄、値上がりがどうしても気になる。町を歩くとそんな気配が感じられる。富津岬は先端が槍の先のように海に突き出しているが、あなごのように見えてきて、とても心配なのである。

**ひろ寿司**

富津市新井 78-1
☎ 0439-88-2281
営業時間／ 11:00 ~ 14:30
17:00 ~ LO.21:00
定休日／木曜

初代会長のヒット作

橋のたもとで
蓋をあけると

# 胡瓜が添えられる理由

[ はかりめ丼（穴子丼）]
1300円　ひろ寿司

▶上
[ はかりめ丼 ]
1295円　味のかん七

▶下
[ はかりめ重（穴子重）]
1944円　和風料理 宮島湊本店

中部

# 富士吉田の吉田うどん

**富士山登山口である富士吉田市には六十軒以上のうどん屋がある。男たちが時間をかけ、満身の力をこめてつくる男うどんだ。具も、馬肉、茹でキャベツ、きんぴらとユニーク。麺好きには興味津々、いざ。**

山梨県富士吉田市のあちこちで目にするものに「吉田のうどんマップ」がある。市内のうどん屋ガイドで、写真と地図が付いて約六十店が紹介されている。一度手にすると、「征服してみよう、いざ」という気を起こさせる魅力あるものだ。土地のうどん通によると、これに載っていない店もまだまだたくさんあるようだ。人口五万一千人の市には多すぎないか。なぜであろう。

この地は昔から機織《はた》りが盛んであった。最盛期の昭和四十四年、四十五年には市内で一万二千台の織機が動いていた。そうなると女性が終日、機に向かって働き稼ぐことになる。そして、男の役割は厨房に立つことである。寒冷地で溶岩地帯であるから米作が出来ない。うどんやほうとうが主食であった。男の力量はうどんをうまく打てるかどうかで決まる。宴《うたげ》や結婚式を自宅で行う時代だったから、饗応の締めのうどんで、「今日の宴は良かった」と評価されたのだ。

やがて、機織りは労働力の安い国に取られて、すっかり下火になってしまったが、優れたうどん打ちが誕生し、それを商いにする家が出てきたのである。

吉田うどんの特長をまとめてみよう。

太く、腰の強い麵である。硬いと腰があるとは違うと注意を受けたが、ツルツルと喉ごしを楽しむのではなく、しっかり嚙んで味わうことが必須である。時間をたっぷりかけて手捏《てご》ね、足踏み、満身の力で作っているのだ。

[ 肉きんぴらうどん ]
750円　開花

ばつぐんの相性！

ある主人は捏ねる機械を売り込まれたが、自分の手でやるのとは仕上りが違って、満足できなかったと言う。

昆布、鰹節、鯖節等でだしを取り、醤油か味噌、あるいは二つを混ぜたもので味つけする。そうしたつゆをはったうどんにのせる具がユニークである。かけうどんには茹でキャベツがのる。地元の名産鳴沢《なるさわ》キャベツで、麺の消化を助ける役目をする。肉うどんの肉はさくら肉(馬肉)である。ごく一部の店が牛と豚を使用しているが、甘辛く煮て、あっさりしているのでうどんと相性が良い。値段も牛と鶏の間で入手しやすい。客の中には牛肉だと思って食べている人もいる。きんぴらにも驚いたが、これは宴の最初に出て残ったものを締めのうどんと一緒に食べたらおいしかったと定着した。

**「開花」**の肉きんぴらうどんは、まさしくさくら肉ときんぴらごぼうが入る。牛肉は高価、豚肉は脂っぽいので使わない。よく煮込んだごぼうは柔らかく、この「肉き

**開花**

富士吉田市下吉田 6110
☎ 0555-23-5715
営業時間／ 10:00 ～ 14:00
(売り切れじまい)
定休日／火曜

んぴら」はうどんと相性が良いと主人。昆布、鯖節のだしに自家製味噌と少量の醤油で味つけしている。うどんののし台は、おじいさんが百五十年前に使っていた一枚板を愛用し、薪を使ったかまどで相も変らず、うどんを茹でている。茹で上りがあきらかに滑らかになるという。

**「美也樹《みやき》」**は開店してすぐに、地元客と県外からの客で満席になる。この店のさくら肉は薄切りなので、麺との絡みも良く、臭みもないから、やや細切りのキャベツとともに食べやすい。店主の父は製麺屋であった。兄の店「美也川」で修業し、二十六年前に分家したが、メニューも麺の太さも異なるそうだ。食べていると富士急ハイランドのジェットコースターの絶叫が聞こえてくる。

**「白須うどん」**は、看板、暖簾がなく、靴を脱いで上がるし、民家の座敷を開放して営業しているという様子だ。メニューは「かけうどん」と「つけうどん」の二品。どちらも茹でキャベツがたっぷり添えられる。大きな釜で

**白須うどん**
富士吉田市上吉田 3296-1
☎ 0555-22-3555
営業時間／ 11:30 ～ 14:00
(売り切れじまい)
定休日／日曜

**美也樹**
富士吉田市新西原 4-3-6
☎ 0555-24-2448
営業時間／ 11:00 ～ 14:00
(売り切れじまい)
定休日／日曜・祝日

[ 肉うどん ]
360 円　美也樹

◀
[ つけうどん ]　400 円
[ かけうどん ]　400 円
白須うどん

注文は「あったかいの」「冷たいの」のみ

大玉キャベツを一日に十個から二十個茹でる。連日、客が座敷から廊下にはみだす賑わいぶりである。

なお、どの店の卓上にもある辛い薬味はすりだねといい、胡麻、山椒、唐辛子を入れた各店の自家製。これはお好みで。

茹でキャベツを最初にのせたのは**「桜井うどん」**。戦後間もなくの創業、六十年以上の老舗だ。富士山の伏流水は年間安定した水温で十二〜十三度、比較的軟水で、この水でないとおいしいうどんは出来ないのです、と主人。煮干しだけのだしで一口食べると風味が広がる。地元鳴沢のキャベツを使った元祖キャベツうどんの店だ。

**「源氏」**主人の家は機屋であった。母親が機を織り、父親がうどんを打ち、子供の時にはうどんを踏まされたという。夜は居酒屋だが、昼はうどん専門だ。人気の肉天つけうどんは大皿に茹で上げたうどんを冷して盛り、さくら肉の甘辛煮、かき揚げ、茹でキャベツ、ワカメ、葱

**桜井うどん**
富士吉田市下吉田 5-1-33
☎ 0555-22-2797
営業時間／ 10:00 〜 14:00
定休日／日曜

**源氏**
富士吉田市下吉田 5561-1
☎ 0555-23-1921
営業時間／ 11:00 〜 13:30
18:00 〜 23:30
定休日／日曜

を盛り付け、味噌と醬油味のつけ汁に油揚げを浮かせて添えている。

行列が出来る店の筆頭が、**「麵許皆伝」**だ。店主の父親は西湖の製麵屋であった。約二十年前に父子二人は富士吉田でうどん屋を開店。父の麵は軟らかく、また馬肉嫌いで牛肉を使っていたので、吉田うどんとして認められなかった。それなら他店にないものをと考え、メニュー数も多くなり、それがヒット、ファンが拡がった。天ぷらうどんはごぼう、人参、桜海老の入った直径十九センチのかき揚げで、限定二十枚だが人気急上昇中だ。

各店の営業時間は十一時から十四時までの三時間のところが多い。これ以上の営業には、仕込みが体力的に無理という。夜明け前から始まって、店が終わると翌日の準備にかかる、現状で精一杯と皆が言う。店に入ったら店主の力こぶと胸板を見ると良い。たくましき男たちのそれがある。

**麵許皆伝**

富士吉田市上吉田 849-1
☎ 0555-23-8806
営業時間／ 11:00 ～ 14:00
(売り切れじまい)
定休日／日曜

こんなに入って四百五十円！

［肉天つけうどん］
450円　源氏

茹でキャベツのせの元祖です

［元祖キャベツうどん］
350円　桜井うどん

［天ぷらうどん］
440円　麺許皆伝

かき揚げは直径十九センチ

中部

# 新潟のイタリアン

**スパゲッティ？　いえいえ、焼きそばの二品である。新潟人が愛してやまないイタリアンを食べて、とてもおいしい、ブォニッシモ！　と叫んでみよう。**

一見、スパゲッティでしょう。ミートソースとカルボナーラが並んでいるように見えるでしょう。盛りを見てもわかるが、いくら何でも三百三十円の値段では安すぎだ。

実はこれ（一〇二頁）、手前がイタリアンと名がついた、後ろはホワイトイタリアンという名の、中華蒸し麵。つまり焼きそばなのだ。トマトソースがかかっているのと、クリームシチューがかかっている洋風ソースの焼きそば二品なのである。ソースの種類はほかにエビチリ、カレー、ビーフ、チキントマトシチューなどがある。これをカフェテリア型の店でフォークで食べるのだ。

　これぞ新潟市民、いや県民が愛してやまないイタリアンである。お米、日本酒、鮭……と、県民の誇りとも言えるもののある中で、ひそかに自慢しているものだ。こんな可愛いものもあるんだよ、と。

　明治時代に創業の老舗、新潟市の甘味喫茶**「みかづき」**が一九六〇年に発売したものだが、五年後に学校の文化祭、バザーなどであっという間に広く知られるようになり、人気者になったのである。今でも幼稚園から大学まで、毎年約二百校から文化祭などでの注文がある。撮影は万代《ばんだい》店で、「みかづき」は現在新潟市内とその近郊に二十三店ある。

　ソースが絡みやすい太めの角麺に、キャベツと特注もやしの具が入って、しゃきしゃきと食感がいい。最近は時代に合わせて麺の茹でかげんがアルデンテになっている。

**みかづき 万代店**

新潟市中央区万代 1-6-1 バスセンタービル 2F
☎ 025-241-5928
営業時間／ 10:00 ～ 20:00
定休日／ 1月 1日

［イタリアン（手前）］　330円
［ホワイトイタリアン（奥）］　430円
みかづき 万代店

# スパゲッティでは ありません

中部

# 金沢のハントンライスと越前市のボルガライス

**ライスを玉子でくるみ、揚げものが上にのって、ソースがかかる。いろいろプラスされてボリュームが増えていく。この食後の満腹感がたまらないのだ。**

この威容を誇る一品（一〇六頁）は、たっぷりのケチャップライスを薄焼き玉子で包み、その上にかじきのフライが二片、小さめだが海老フライが二本のって、ケチャップと特製タルタルソースがかけてある。これが金沢でしか食べられないハントンライスである。

ハンガリーでは鮪など魚のフライをよく食べるが、パプリカをふったライスを付け合わせにする。これにヒントを得た金沢の料理人が日本風にアレンジして出来たようだ。ハンガリーのハンとトンハル（ハンガリー語で鮪の意）のトンをとってハントンライス。**「グリルオーツカ」**では四十七年前にメニューに登場、近所の大学生たちに広まった。金沢の男性にハントン食べますかと聞くと、にやりとして「はい」と答える。このにやりは満腹の幸福をもたらすわれらの食べものの意のようだ。

同じ北陸でも福井県越前市では、ボルガライスと名がついた洋食が愛されている。**「カフェ・ド・伊万里」**ではハム、玉葱、マッシュルームがたっぷり入ったケチャップライスが玉子でつつまれ、揚げたてのトンカツがのせられデミグラスソースがかかる。カツをダブルに、ハンバーグ、海老フライ等にする特別注文にも応じてくれる。ボルガライスの由来は浅草のボルガという店がルーツのようだが、定かではない。食べながら遠くボルガ川に思いを馳せていると、皿の中が荷をのせて往来する舟に見えてきて、エイコーラと舟唄が聞こえてくるのである。

**カフェ・ド・伊万里**
越前市新保 2-2-2
☎ 0778-23-4845
営業時間／ 8:00 ～ 18:00
定休日／水曜

**グリルオーツカ**
金沢市片町 2-9-15
☎ 076-221-2646
営業時間／ 11:30 ～ LO.19:50
定休日／水曜

# ルーツはハンガリー

［ハントンライス］
900円　グリルオーツカ

舟唄が聞こえてくる

[ボルガライス]
800円　カフェ・ド・伊万里

中部

# 名古屋の小倉トースト

**カリッと焼けたトーストにバターをぬって、そこに素朴な小倉あんを合わせる。挟んだり、一面に広げたりの、和と洋が一緒になった不思議なおいしい世界。八十年以上も続いている名古屋のソウルフードなのだ。**

きしめん、ひつまぶし、味噌煮込みうどん、味噌カツ、あんかけスパゲッティ、天むす、手羽先の唐揚げ……そしてこの小倉トースト。これらは最近、「名古屋めし」と呼ばれ、観光ガイドブックに必須のアイテムとなっている。全国共通の食べものに、名古屋の豆味噌、たまり醤油等を使用したり、また、ひと工夫したりして、まったく独自の味を作りあげる。しかも次から次へと名物になっていて、驚くべき名古屋の力である。

小倉トーストは大正末期に甘味喫茶で、学生がトーストをぜんざいにくぐらせて食べている姿を見て、店主がメニューに加えたのが始まりということだ。城下町名古屋である。茶の湯や菓子づくりが盛んで小豆とのつきあいも古い。小倉あんの素朴な甘味とバター（またはマーガリン）が調和し、焼けたトーストと一緒になったおいしさは少しずつ定着していった。

名古屋取材の直前に、中年おばさま三人組に「私たち名古屋なんですが、そのようなものはほとんど食べません」と言われ、すっかりひるんでしまったが、喫茶店で食事をする人は限られた人たちであろうし、市民でも食べる機会がない人もいるであろう。そこで、観光客に評判の小倉トーストの名店を訪ねてみたら、

――おやっ、思いの外、あんとパンの相性が良い。店によって甘さも異なるし、あんののせ方も様々でおもし

# 店主のあん好きが一目でわかる

[ モーニングの小倉トースト
（ヨーグルト、茹で玉子付き）
+ブレンドコーヒー ]
400円+100円　ハセ珈琲店
＊モーニングは 7:30〜10:30

ろい。いけますね、病み付きになってしまった！
——という例も出てきているのだ。

名古屋人は夜が早い。遅くまで飲み騒いでいるのは東京、大阪からの転勤族。地元の人は早寝早起きで朝食をしっかり食べるから、喫茶店のモーニングサービスが充実している。なかには終日モーニングサービスの店もある。コーヒー代で玉子、サラダ、トーストが無料である。トーストもバター、ジャム、小倉あん等から選択できる。そこで小倉トーストの出番が多くなっているのである。

**「ハセ珈琲店」**のモーニングの小倉トーストは、ヨーグルト、茹で玉子付きで、コーヒーは別売りとなる。それでもワンコイン程。トーストの上一面をあんがおおう。マーガリンと一緒になると、あんの甘さがより引き立つ。ご主人はかなり甘党かなと思い尋ねると、「そこそこです」と答えた。大きな茹で玉子は固茹でと半熟と二種類

**ハセ珈琲店**

名古屋市西区名駅 3-11-2
☎ 052-551-4847
営業時間／7:30 ～ 20:30
定休日／日曜・第 1 土曜

の用意があり、ヨーグルトの中にはカットしたバナナが入っていて、細やかな心づかいが感じられる。

**「モーニング喫茶リヨン 名駅店」**には、ふつうに小倉あんを盛ったトーストもあるが、プレスサンドにしたものも人気で、あんとパンが一体となって微妙に一味違うのだ。このボリュームで、柿の種のおまけがついてコーヒー代ですむ。しかも一日中モーニングサービス！なのだ。名物女店長は「終日お客さまが絶えません。ゴールデンウィークに五百人来たこともあるのョ」。

名鉄百貨店本店の四階にあるのが、無国籍料理のレストランが手がける**「キハチ カフェ 名鉄百貨店本店」**だ。中部地方初出店で、熊谷喜八氏とメニュー開発担当者らがこだわりぬいて作った名古屋限定メニュー。お値段は他店より高くなるが、トーストしたパンをチーズが溶けすぎない適温にし、マスカルポーネチーズを塗り、あんを盛る。そして、さらにたっぷりの抹茶をふる。ドリン

**キハチ カフェ 名鉄百貨店本店**
名古屋市中村区名駅 1-2-1
名鉄百貨店本店本館 4F
☎ 052-585-7748
営業時間／ 10:00 ～ 20:00
定休日／不定休（名鉄百貨店本店の休みに準ずる）

**モーニング喫茶リヨン 名駅店**
名古屋市中村区名駅南 1-24-30
三井ビル本館別棟 B1
☎ 052-551-3865
営業時間／ 8:00 ～ 18:00
定休日／不定休

コーヒー四百十円、
小倉あんプレスサンド
無料。おまけつき

［モーニングサービス
（小倉あんプレスサンド）
コーヒー］
410円　モーニング喫茶リヨン 名駅店

# カフェの名古屋限定メニュー

［小倉あんトースト］　972円
（ドリンクセットはプラス216円）
キハチ カフェ 名鉄百貨店本店

クセットはコーヒー、紅茶、中国茶から選べる。広い店内でゆったりとした時間をあんとともに過ごすことができる。

小豆のあんではなく、他店にはないものをと**「かこ 柳橋店」**では金時豆を使ってあんにしている。ねっとりとして、豆が大きいので食感が良い。厚切り五・五センチのトースト（薄切り二・五センチもある）に、このあんジャムを盛られると迫力がある。塩味が感じられる味付けだから、甘さを期待していると驚くかも知れない。季節のフルーツジャムも自慢の店である。

**「むらやま サンロード店」**は大須ういろの直営喫茶店である。歴史ある和菓子店の手作りのあんに、とろけるチーズをたっぷりと合わせた小倉チーズトーストをメニューにのせていてびっくり。あんがしっかりと入ってはいるが、塩気のあるチーズで甘さが気にならない。どっしりとして食べごたえがある。十年以上続く人気商品で

**かこ 柳橋店**

名古屋市中村区名駅 5-30-4
名駅 KD ビル 1F
☎ 052-583-8839
営業時間／7:00 ～ 19:00（LO.18:30）
無休

ある。セットにすると飲みものはコーヒー、紅茶、ミルク、コーラから選べる。

名古屋に入る前に、偶然に東京銀座の木村屋の取材があり、あんぱんの老舗として名古屋の小倉トーストにひと言をお願いしたら、「あんぱんは明治の頃に、とにかくパンの普及のために考えられた品です。ですから、小倉トースト大歓迎！」とエールをおくってくれた。

各店のメニューの名前は「小倉トースト」がほとんどである。名古屋が生んだ逸品である。「小倉」という京都の地名がつくのが悔しくはないか。そこで「あんトースト」にしたらと言ったら、それではハムトーストと聞き間違えます、とのこと。では、アン・トーストと書いて、それふうに発音したらハリウッドの女優のようなひびきで、おしゃれになって、さわやかと思うが、いかがであろうか。

**むらやま サンロード店**

名古屋市中村区名駅 4-7-25
名駅地下街サンロード
☎ 052-583-1760
営業時間／ 7:30 ～ 20:30（LO.19:45）
定休日／ 2 月の第 2 水曜、9 月の第 3 水曜

# 金時豆の特別出演

[ あんジャムトースト　厚切り ]
600円（コーヒーは別）　かこ 柳橋店

# チーズをプラスしたのは意外や意外

［小倉チーズトーストセット］
700円　むらやま サンロード店

中部

# 名古屋のあんかけスパゲッティ

きしめん、味噌煮込みうどん、台湾ラーメン、名古屋独特のソウルな麺界、そこに加わった〝赤いすぐれもの〟。

**「スパゲッティ ヨコイ」**のメニューのうち、一番の人気ものは「あんかけスパのミラカン」である。知らないと何が出てくるか不安になるが、詳しく説明すると、「あんかけ」は外部の人がそのソースを見て表した言葉が定着したもの。でんぷんでとろみをつけたトマトベースのミートソースで、オリジナルだ。一週間かけてまろやかにして濃厚なソースになる。これに合うのは極太のスパゲッティ。茹でてから、冷水にさらして、締めてから油で炒める。それもソースとからみやすくするための作業なのだ。この店ではハム、ベーコン、ソーセージを具に使うのが「ミラネーズ」、野菜をたっぷり使うのは「カントリー」の名がつく。そしてそれら二種を合わせたのが「ミラカン」なのだ。しかもソーセージは赤いソースとよく合う赤いウィンナーを選んでいる。子供の頃の弁当のおかずを思い出して、まだ元気であったかと邂逅《かいこう》を喜びあうのも良い。

二代目店主は東京は皇居前の一流ホテルで修業をしている。きちっとした料理をつくりながらも、ネーミング、アイディアに名古屋式ユーモアを使うのが巧みなのだ。それを楽しみながらリピートする客が増えている。

中年おじさんの食べものと言われたこともあるが、いえいえ六対四で女性、特に若い女性客を多く見かける。土日はかなり遠くからの客が訪ねてくるから、今や全国区です、と店主は言いきる。

**スパゲッティ ヨコイ 住吉店**

名古屋市中区栄 3-10-11 サントウビル 2F
☎ 052-241-5571
営業時間／ 11:00 ～ 15:30（LO.15:15）
日曜 11:30 ～ 14:30（LO.14:00）
祝日 11:00 ～ 15:00（LO.14:35）
定休日／年末年始

# 赤いウィンナーが活躍している

[ ミラカン ]
950円　スパゲッティ ヨコイ 住吉店

近畿

# 京都のオムライス

**古い町、粋な町にはいい洋食屋がある。京都にも、人々に愛される、気取りのない店が町々にあり、人気メニューのオムライスに力を入れて、しかもかなり個性的である。古都の知られざる伝統食をどうぞ。**

私の周りの大人たちはオムライスをこの上なく愛しているのに、洋食屋などお店で食べるのが何とも恥ずかしいと言う。鮮やかな黄色い玉子に包まれて、中央にケチャップの赤丸がくっきり。それにスプーンひとつで向きあう様が子供っぽいのでは、と気にするようだ。玉子とケチャップライスが口の中で一緒になって格別の味わい、と目を細めたいところを我慢して……。

京都の洋食屋主人は、「安易にケチャップをかけて仕上げとするからお子様向けになるのです。京都ではようしまへん。ソース等各店で工夫をこらし、手間をかけ時間をかけて調理してます。それはお客さんに伝わって大人も子供もみなさん、目を細めて楽しんではります」と言い切る。

実は三十年近く前に、かなり凝ったものが食べられるよ、という情報をもとに京都オムライス事情を取材している。和食の町での水準の高い品々にびっくりしたが、このたび久しぶりに巡ってみて、店の新旧交代はあるが（「ボントン」「アローン」が閉店して残念！）、相も変わらずの健在ぶりで、個性を強く打ち出して、古き都の新しき伝統食になっているのではと思えるほどであった。

ケチャップライスを玉子でくるみ、デミグラスソースがかかっているのが当時も現在も主流である。**「グリル小宝」**では、主人がこのソース作りの専任となり、牛スジ、野菜を炒め、鶏ガラでとったブイヨンに、果物等を

**グリル小宝**

京都市左京区岡崎北御所町 46
☎ 075-771-5893
営業時間／ 11:30 ～ 21:45
定休日／火曜・第 2、第 4 水曜

王者の風格が
感じられる

[オムライス]
950円　グリル小宝

加えて大きな寸胴《ずんどう》で二週間もかけて煮込んでいるのである。牛と豚の細切り肉と玉葱を炒め、茶碗二杯以上のご飯にケチャップ、塩、胡椒で調味し、これを二個の玉子で包む、ここにデミグラスソースがかかって仕上げとなる。華やかに、ぐんと贅沢な一皿となって姿、形ともに王者の風格が感じられる。蘭の鉢植えが並んだ窓の向こうは平安神宮である。

「Cafe Sirara《カフェ シララ》」は若き主人であるが、研究熱心だ。京都の喫茶店ではフードメニューにオムライスを入れている店が多いが、「珈琲工房てらまち」で修業して独立した。ロースハムと玉葱をバターで炒め、コンソメで炊いたご飯をケチャップで味付け、玉子に生クリームを加えたりで工夫に余念がない。デミグラスソースについても一年以上かけて現在の味にしたようだ。ゆったりとしたカウンター席、奥にソファー席、庭に面した畳敷きの座敷もある。

**Cafe Sirara**（カフェ シララ）
京都市中京区壬生東大竹町 21-4
☎ 075-406-1803
営業時間／ 8:00 ～ 21:00
定休日／木曜

夕方になると三味線の音が聞こえる町の一角にある**「グリル富久屋」**では、約七十年前に芸妓のきんつる姉さんが「こんなんにしてよ」と注文したのに「キンツルライス」の名がついた。その後、「フクヤライス」となり、今、粋筋に「フクヤハン」として愛されている。ケチャップご飯を包む玉子にトマト、グリーンピース、マッシュルーム、ハムがのって色鮮やかな佳品だ。店内にはお姉さんたちが得意客に配る名入りの団扇《うちわ》が飾られている。フクヤハンにスプーンを入れて、きんつる姉さんを思い描くのも楽しいいっときだ。

オムライス専門店**「おむらはうす 出町柳店」**で観光客に人気のメニューに「とろ湯葉オムライス」がある。薄味に炊いたひじきと油揚げがご飯に入って、生わさび、塩、胡椒で味付け。三個分の玉子がふわふわになったらご飯にのせ、そこにたっぷりの生湯葉、だしをかけ、海苔を飾る。蛸唐草文様の皿に盛られて出来上がりだ。観

**グリル富久屋**

京都市東山区宮川筋 5-341
☎ 075-561-2980
営業時間／ 12:00 ～ LO.21:00
定休日／木曜・第 3 水曜

**おむらはうす 出町柳店**

京都市左京区田中関田町 22-75
☎ 075-712-0671
営業時間／ 11:00 ～ 15:30
17:00 ～ 22:00（LO.21:45）
定休日／月曜
（祝日の場合は翌日休み）

# 熱心に研究された逸品

[ 喫茶店のオムライス ]
700円　Cafe Sirara

きんつる姉さんが
残したもの

たっぷりの
生湯葉で
はんなりと

▲下
[ とろ湯葉オムライス ]
1134 円　おむらはうす 出町柳店

▲上
[ フクヤライス ]
880 円　グリル富久屋

光客も来るが、近くに京大があって学生も多い。常時十六種類のオムライスがある。

戦後まもなく東映撮影所の食堂として、映画人に愛された**「洋食のらくろ」**。ここでは半熟の玉子焼をケチャップご飯にのせて、自家製パン粉を使った一口大のビフカツ五切れが加わる。そして一週間かけて煮込んだデミグラスソースをかけて、乾燥パセリをふる。こだわりの旨さがいくつもプラスされた変わりオムライスである。なぜかトルコライスの名がつくが、長崎のトルコライスとは全く異なる。下鴨神社西側の住宅街にある。

**「サラダ くるみ」**ではインディアンオムライスの名だ。インディアンたる所以は、ご飯に玉葱、人参、しめじが入り、塩、胡椒にカレー粉で味付けしているからだ。隠し味にウスターソースを忍ばせ、仕上りにデミグラス、さらにタルタルソースもかかる。いやぁ、その力の尽しように頭が下がるが、ふと見ると福神漬が添えられてい

**洋食のらくろ**
京都市左京区下鴨宮崎町69
☎075-781-2040
営業時間／11:30～LO.13:45
17:30～LO.19:45
定休日／火曜・水曜

**サラダ くるみ**
京都市中京区寺町通四条上ル
菊水ビルB1
☎075-221-2222
営業時間／11:30～16:00
定休日／日曜・水曜
＊「申し訳ありませんが、幼児連れはご遠慮ください」とのこと。

る。「カレー味には、やはり福神漬でしょう」ですって、まいりました。

「オムライスには何もかけない。玉子料理だから何かかけたら玉子の味が消えてしまう」と言うのは**「グリル冨士屋」**の主人。これも立派な見識で心から敬服する。玉子を焼き上げる時間と、ケチャップご飯に入る牛肉には厳しく、「京都の洋食屋は牛肉にこだわる」と精肉店に自ら足を運んでいるのだ。

ご飯はケチャップライスか否か。中に入る具は牛、豚、鶏、ハム、野菜。玉子は半熟か薄焼きか。かけるのはケチャップかデミグラスか。無限の組合せに気が遠くなる。

古都京都、この粋な都には、町々に必ず近所の人に愛されている洋食屋があるのだ。どの店でも人気ベスト3に入るこのメニューに力を入れている。西洋にない洋食、オムライスをどうか京都で味わって欲しい。私の周りの大人たちにも勧めなくては。

**グリル冨士屋**

京都市東山区祇園下河原町 478
☎ 075-561-1296
営業時間／ 12:00 ～ 20:00
定休日／火曜・水曜

こだわりの
変わりオムライス

福神漬が
添えられる理由

何もかかってない⁉
何もかけないのです

[オムライス]
900円　グリル冨士屋

▶上
[トルコライスセット
（ミニスープ、ミニサラダつき）]
950円　洋食のらくろ

▶下
[インディアンオムライス]
600円　サラダ くるみ

# 大阪のビーフカツサンド

**カレー、カツサンド、カツライス、カツ丼、これらはみなビーフであってポークではないのです。ビーフ都市大阪のソウルフード。**

**「純喫茶アメリカン」**はいわゆる昔ながらの喫茶店である。創業して七十年たつ。店の経営者も、材料を入れる業者、そして常連さんもみな現在三代目なのだ。喫茶メニューが百以上ある。ビーフカツサンドも昔ながらの姿だ。丸芯という一頭に二本しかない部位を取り寄せて使っている。『小林カツ代の「おいしい大阪」』（文春文庫）では冒頭でこの店のビーフカツサンドを紹介し、えもいわれぬ味と書いている。味には厳しい町だ、おいしくてボリュームがあって、安くなくてはいけない。そんな町で老舗を

**純喫茶アメリカン**

大阪市中央区道頓堀 1-7-4
☎ 06-6211-2100
営業時間／ 9:00 ～ 23:00
（火曜 9:00 ～ 22:30）
定休日／第 2、第 3 木曜
（ほかに 1 回木曜休み）

続けるための、緩みない力の注ぎがあったに違いない。さらに店で儲けたものは店が使うと内装にも力を入れ、生きた建築ミュージアム大阪セレクションに選定された。

**「ニューサントリー5」**はジャズライブパブである。大阪万博の年、一九七〇年に開店した。オープン時から続いているのがビーフカツサンドだ。百グラムのサーロインをレアで揚げてトーストパンに挟んである。ボリュームがあるからお腹をあけておく必要がある。美しさもある極上の逸品だ。

この店にはもうひとつ同じ歴史を持つ名物がある。毎週土曜の夜に出演している「ニューオリンズラスカルズ」の生演奏だ。ひとつのバンドが四十五年も演奏を続けていることは世界でも例がないことだ。ビーフカツサンドをほおばり、ラスカルズのニューオリンズサウンドに浸っていると、酒がどんどんすすんで、困ってしまうのだ。

**ニューサントリー5**

大阪市北区曽根崎 2-10-15
曽根崎センタービル 5F
☎ 06-6312-8912
営業時間／ 17:30 ～ 23:30
定休日／日曜

[ ビーフカツサンドセット ]
1700円　純喫茶アメリカン

カウンターに
似合います

[ビーフカツサンド]
1800円　ニューサントリー5

中国・四国

# 岡山のえびめし

**日焼けしてダークブラウンの海辺のおじょうさん、てな姿。思わず声をかけたくなる……。**

えびめしを前にすると、先ずこの黒みがかった濃い茶色になんとも親しみを感じてしまう。「よう、相変わらず日焼けして健康的だね」と声をかけたくなる。そして、甘辛味のライスとぷりっとした海老との調和も良くとれているから、いつのまにか箸ならぬスプーンが進んでしまうのだ。

この一品は東京・渋谷のカレーの老舗「いんでぃら」のメニューであった。ここで修業した岡山の出身者が故郷に戻って独立、東京では目立たなかったえびめしが岡山で人気を取るようになったのである。

直営の、**「えびめしや」**三店に、弟子たちが独立して岡山を中心に五十店以上で扱っている。スーパーにもあるから〝県民食〟とまで言われているのだ。えびめしにはコールスローサラダがつく。玉子三個を使ったオムえびめし、他にハンバーグ、トンカツ、海老フライがプラスされるものもある。

「この十数年、お客さんにすっかりファミレス離れがおきて、専門食堂に行くようになったのです」と店主。作り方まで教えてくれた。

フライパンにマーガリンで玉葱を炒め、海老を入れてライスが入る。塩胡椒して、スパイスが入ったソースをからめて出来上がりなのだが、このソースが秘密の隠し味になっている。それはカラメルソース。健康的な日焼け色のこげ茶をつくっているのだ。

内緒ですよ。

**えびめしや 万成《まんなり》店**

岡山市北区万成西 2-53
☎ 086-251-6221
営業時間／ 11:00 〜 22:00
無休

# 岡山の県民食

[ えびめし ]
680円　えびめしや 万成店
(奥は、オムえびめし 880円)

# 岡山のドミグラスソースカツ丼

**ドミグラスソースのカツ丼が八十年以上前に岡山に誕生している。ドミ、デミ、ドビ、店によって微妙に発音が異なるが、それがソウルフードたるところ。**

玉子でとじたもの、ソースがかかったもの、カツ丼の多くはこの二つに分かれるが、岡山のカツ丼はドミグラスソースがかかっている。元祖は昭和六年創業の**「味司《あじつかさ》野村」**だ。ずいぶんと古くからある。丼のご飯に湯通ししたキャベツが敷かれ、揚げたてのカツがのる。そこに初代が東京・帝国ホテルで学んだドミグラスソースをかけたのが始まりである。「野村」秘伝のソースは一子相伝の味、今は二十代後半の四代目が担当し、三日かけて

**味司野村**

岡山市北区平和町 1-10
☎ 086-222-2234
営業時間／ 11:00 ～ 21:00
無休

作っている。カツ丼専門店とは思えぬ店内の様子に驚くが、さらにびっくりするのは玉子とじカツ丼もあるし、両方一度に味わえるメニューもあること。ロースとヒレのチョイス、子カツ丼、孫カツ丼とボリュームも選べる。

**「食堂 やまと」**では「ドビソース」と呼んでいる。通称ドビは、ケチャップ、ソース、辛子、胡椒、味醂に、豚骨、鰹節で取ったラーメンスープを入れている。なるほど中華そばのメニューが豊富で、だからそばと一緒に食べて下さいって。ハヤシ、カレー、オムレツ、トンカツ、シチューの洋食もあるから組合わせに悩んでしまう。食べやすく、毎日食べてもあきない味をめざしていますと二代目店主。その横には三代目もいる。カツ丼にかかったソースをバックにしたグリーンピースが食欲を刺激する。何粒にするかはその日の気分次第ですって。因みに「野村」は普通盛りには五粒、子丼、孫丼には三粒のせることに決まっている。

**食堂 やまと**

岡山市北区表町 1-9-7
☎ 086-232-3944
営業時間／ 11:00 ～ 19:00（15:00 ～ 16:00 は麺類のみ）
定休日／火曜

［ドミグラスソースカツ丼（ヒレ）］
900円　味司野村

ドミグラスソースが
かかった

こちらは
ドビソース

[ カツ丼 ]
780円　食堂 やまと

中国・四国

# 鳥取のホルモン焼きそば

**日本一の砂場、鳥取砂丘を歩いたあとは鉄板の上に一点集中、楽しんでください。**

目の前は日本海、振り向けば中国山地がある鳥取市だが、別にきょろきょろ見まわさなくて良い。じっと鉄板の上に集中していただきたい。焼肉、ホルモン焼きの良店が多く、そういった環境から生まれたホルモン焼きそばが、昼飯に、夜の酒の仕上げに市民に愛されているのだ。

**「まつやホルモン店」**はホルモンの新鮮さが評判の超繁盛店である。ホルモンファンから絶大な支持を受けていて、夜の部は五時開店と同時に席がうまってしまう。名

**まつやホルモン店**

鳥取市吉方温泉 4 丁目 432

☎ 0857-23-3050

営業時間／ 11:30 ～ LO.13:15

17:00 ～ LO.21:30（火曜は夜のみ営業）

定休日／日曜・祝日

物ホルモンそばは焼きそばに小腸、ミノ、アカセン、丸腸が入っていて味はついているが漬けダレがついてくる。目の前の鉄板で三代目主人が焼き上げたのを皿によそってくれる。そばだけだとズルズルとすぐ終ってしまうが、ホルモンたちをしっかり嚙みしめながらだとほどよい時間が楽しめるのだ。

**「焼肉 りき」**のホルモン焼きそば、通称ホルそばは小腸のみを使っている。パイプ状でなく開いてあるものだ。昭和三十四年の創業、代々女主人の店で今は三代目。このホルそばは食堂、居酒屋にどんどん広まっているから、全国どこにでもあると思っていたそうだ。味が足りない人は秘伝の味噌ダレ、まろやかで甘味ある自慢のものをつけても良い。うどんもあるが、タレが滲みこむ焼きそばがおすすめ。昼はホルそばセット、夜は焼肉の仕上げにホルモンそばが大活躍。市のスローガン「まちを元気にしたい!」に協力しているのだ。

**焼肉 りき**

鳥取市片原４丁目106
☎0857-23-3125
営業時間／11:30～13:30　17:00～LO.21:30
（日曜・祝日は夜のみ営業）
定休日／木曜

鉄板の上で
手早く、
あっという間に

[ホルモンそば]
650円　まつやホルモン店

# ホルそば、いい色であがりました

[ ホルモン焼きそば ]
700円　焼肉 りき

中国・四国

# 丸亀の骨付鳥

**若い人からお年寄りまで、足を持ってがぶりとやる。これ一筋に六十余年、頑固に守り続ける専門店の味だ。**

一軒の店の食べものが有名になって、時と共に町の味となる。町の人も店を大切にして店を育てることになる。店と人が親戚のような関係になる。これぞソウルフードの理想のかたちではないか。香川県丸亀市と骨付鳥の専門店「一鶴《いっかく》」の仲もそうであろう。

メニューはおやどりとひなどりととりめし。おやどりは硬めの肉、噛むほどに濃厚な旨みが出て鳥好きにはたまらない。ひなどりは柔らかでジューシィ。肉汁たっぷりのおいしさにクセになる。味つけは塩、胡椒、ガーリック。高温で蒸し焼きする。食べ方は紙ナプキンを鳥ももの骨に巻き、手に持って豪快にがぶりとやる。仕上げはさっぱり味のとりめしだ。

一九五二年に創業。その頃店主が見た洋画で主演女優が骨付鳥にかぶりつくシーンがあり、感動して、翌年から店の看板メニューとなった。一鶴の骨付鳥がスタートして人気を得てくると、市内の食堂、居酒屋から駅弁まででかなりの店に広がってメニュー入りした。発祥の店たる一鶴は香川に六店、大阪に二店、横浜に一店と大きくなっているが、頑なに骨付鳥一筋を六十余年守り続けている。これはすごいことだ。

丸亀出身者が帰郷して昔の同級生に会う。約束は「やはり、あそこだよね。では十二時に」とこれだけ。訳すと、「十二時に一鶴で会って骨付鳥の昼ごはんをたべようね」の意味なのである。

**一鶴 土器川店**

丸亀市土居町 2-12-33
☎ 0877-23-3711
営業時間／ 11:00 ～ 14:00（LO.13:45）
16:00 ～ 22:00（LO.21:30）
土曜・日曜・祝日 11:00 ～ 22:00（LO.21:30）
無休

ひなどりは柔らかく、
ジューシィ

［ひなどり］　894円
［とりめし（スープ付き）］　462円
一鶴 土器川店

中国・四国

# 高知県須崎の鍋焼きラーメン

**鍋を使うことによってたくさんの利点が生まれる。もっとマネしても良いのでは。日本の土鍋はすばらしい！**

須崎市のラーメンは、鍋焼きラーメンとしてすっかり有名になった。この鍋は丼とくらべてどういう利点があるのであろうか。

先ず冷めにくい。一つ一つ作るのでかなり客の好みをいかせる。舌をやけどしそうなほどアツアツにできる。鍋の蓋を皿に出来る。ご飯を注文すると、蓋の中央に置かれて二階建てで運ばれてきて心がはずむ。

須崎市は高知県のほぼ中央に位置する。リアス式海岸が生んだ良港に停泊中の船に出前を届ける際、冷めないよう鍋を使ったのがことの起こりで、五十年以上続いているのだ。また出前が届いてすぐに食べられなくても、温めなおせ、味も少々変えることができる。

鍋焼きラーメンを扱う店には七つの定義が作られていて、①親鳥の鶏がらスープで醤油味。②ストレートな細麺は少し硬め。③具は鶏肉、葱、生玉子、竹輪など。④器は土鍋、ホーロー、鉄鍋。⑤スープは沸騰した状態。⑥古漬けのタクアンをつける。最後に、⑦全てにおもてなしの心を込めること、とある。すばらしい。

**「橋本食堂」**は鍋焼きラーメン専門店である。静かなというか寂しい市内だが、店内は賑わっていた。こちらだけ別世界。一日四時間の営業で、早い時間は静かな男性客が中心。一時をまわると子連れのお母さんの集会場のごとく会話が行き交う。

七つの定義がしっかり守られていた。

**橋本食堂**

須崎市横町 4-19
☎ 0889-42-2201
営業時間／ 11:00 ～ 15:00
定休日／日曜・祝日・ゴールデンウィーク

日本一
アツアツのラーメン

[ 鍋焼きラーメン ]
550円　ライス 110円
橋本食堂

九州

# 福岡の博多うどん

**博多を「ラーメンと辛子明太子の街」とのみ考えるのは大間違い。生粋の博多っ子はうどんをこよなく愛しているのです。**

ラーメンだけが有名になって、あまり知られてないが、生粋の博多っ子は大のうどん好きである。東北、関西、四国……全国うどん自慢になると、「うちら博多はねぇ」と身をのり出してきて、「柔らかな麺に、澄んだだしをからませて一気に、一気にですよ、ズズズーッとすすりこむ。うまかぁ！」と始まる。要するに、だしは昆布、鰹節、いりこ等で取った澄んだ汁で、スメと呼ばれる。これに、忙しい博多商人である、太く固い麺だと食事時間がかかり過ぎる。ほど良い太さと、柔らかで腰がある麺を一気に、でなくてはいけない。おいしくて、早く食べられて、安価である。これぞ理想のうどんと口中をズルズルにしながら熱く語るのだ。

明治十五年創業の**「かろのうろん」**三代目店主に博多うどんの楽しみ方を教わった。因みに博多弁では「ど」を「ろ」と発音する。道路は「ろうろ」、自動車は「じろうしゃ」、角のうどんが「かろのうろん」になる。「先ず、素うどんを味わって下さい。うちでは毎日店が終ってから、次の日の麺をつくっています。足で踏んで、一晩ねかせる。柔らかさが特徴でスメと一緒にすすりこむのです。羅臼《らうす》昆布、いりこ、鰹節をブレンドしたスメです。全部飲みほして下さい。具はお好きなものを選んで楽しんで。うちのごぼうは九州産です。ビルだらけの中で昔ながらのふるさとの味を守っています。椅子も木製の丸椅子です」。丁寧に語ってくれた主人、二〇一四年

**かろのうろん**

福岡市博多区上川端町 2-1
☎ 092-291-6465
営業時間／ 11:00 ～ 19:00
定休日／火曜

[ ごぼう天うろん ]
520円　かろのうろん

不動の
四番バッター

に他界されたそうで残念です。

博多ではその具もかなり個性的である。先ずどこの店も客の半数は「ごぼ天！」と注文する。ごぼうは「ごぼ」でなくてはいけない。短冊切り、細切り、笹がきなど店によって異なるが、ごぼうの天ぷらがのったものである。あっさりして、パリパリッとした食感がたまらない、一番人気である。「かろのうろん」では六～七センチに切って、さらに短冊切りし、天ぷらの衣をつけて揚げている。**「みやけうどん」**では、丸く広げた揚げ玉に笹がきごぼうがのっている。昔ながらの作り方で、食べているうちに熱いだしを吸って、ごぼう天がほぐれてる。**「釜揚げ牧のうどん」**ではごぼうを厚めの斜め切りにして、衣をつけて一本ずつ揚げたものが一人前に五本入る。次の人気ものは丸天だ。魚のすり身を直径十センチほどの丸い形に揚げたものが入っている。

**「因幡《いなば》うどん」**のエビ天（かき揚げ）うどんは、かき揚

**みやけうどん**
福岡市博多区上呉服町 10-24
☎ 092-291-3453
営業時間／ 11:00 ～ 18:00
（土曜 11:00 ～ 17:00）
定休日／日曜・祝日

**釜揚げ牧のうどん 空港店**
福岡市博多区東平尾 2-4-30
☎ 092-621-0071
営業時間／ 10:00 ～ 23:00
定休日／第 3 水曜

げのふとんで寝た姿の雑魚海老で、頭をひとつずつ取ってあるから食べやすいが、彩りがきれいで、箸をつけるのをためらう。**「博多あかちょこべ」**では桜海老天が秀逸だ。生の桜海老を使ってばらばらに揚げたものが、うどんが見えないくらいのっている。

博多区にある承天寺《じょうてんじ》の境内に「饂飩蕎麦発祥之地」の碑が立っている。この寺の聖一《しょういち》国師が一二四一年に宋から帰ってきて、うどん、そばの製法をつたえたのである。ラーメンも含めて博多の麵文化はこんな昔から始まっていたのである。

この歴史ある文化の引き立て役として、薬味に使っている博多青葱の存在を忘れてはならない。「かろのうろん」では西区の農家に特別にお願いして作ってもらっている。卓上に山盛りにしてあるから私のような葱好きは豊かな気持になって嬉しい。他店でもよく見かける光景

**博多あかちょこべ**

福岡市博多区冷泉町 7-10
☎ 092-271-0102
営業時間／ 11:30 ～ 15:00
18:00 ～ 24:00（LO.23:30）
（日曜 11:30 ～ 15:00
18:00 ～ 21:00）
無休（祭の時は不定休）

**因幡うどん ソラリアステージ店**

福岡市中央区天神 2-11-3
ソラリアステージ B2
☎ 092-733-7085
営業時間／ 9:00 ～ 22:00
無休

昔ながらのごぼ天

一本ずつ揚げる

▲下
[ ごぼう天うどん ]
410円　釜揚げ牧のうどん 空港店

▲上
[ ごぼう天うどん ]
400円　みやけうどん

これがエビ天!?

これもエビ天!?

▲下
[ 桜エビ天うどん ]
820円　博多あかちょこべ

▲上
[ エビ天（かき揚げ）うどん ]
480円　因幡うどん ソラリアステージ店

に用意されているのも楽しみのひとつになる。
だ。それと、うどんが入ったお腹の隙間をうめるためにある稲荷ずし、鶏の炊き込みごはんのかしわめしが各店に用意されているのも楽しみのひとつになる。

具のバリエーションに戻ろう。「釜揚げ牧のうどん」のおぼろこんぶうどん。とろろこんぶではなく、より高級なおぼろである。一日の注文数は少ないが、好きな人はこれしか食べない。熟年男性客に好まれる。「これぞ、うどんの真髄」と目を細めながら味わっているようだ。それと「かろのうろん」の肉うろん。七十年前からある一品、薄切りした牛肉を甘辛く味付けして煮込んだものと青葱が加わる。口の中で牛肉がほぐれ、柔らかなうどんと合って優しい味である。梅雨時のじめじめした季節、体調の良くない時にさっぱりしたものをと考案されたのが「因幡うどん」の梅あおさうどんである。人気メニューになってすっかり定着した。磯の香りと梅の酸味が食欲を誘い、女性ファンがしっかりついている。

例えば、東京のうどんを思いうかべて欲しい。真黒なだしである。丼の上にはでんと海老がにくたらしくも、誇らしげに寝そべっている。一口食べて「うまい！」と叫ぶわけではない。だって、ごぼ天の二倍三倍の値段なのである。これほどまでに大きな海老でなくて良いのに。もう少々身長の低いのが愛らしくて好きなのに。小さく呟きながら、何回かに分けていただく——。これで良いのだろうかと思う。

博多うどんのうまい、食べやすい、安価の三拍子そろった店は、どこも活気がある。店内一斉にズズズズーッである。客の私語もなく、皆さんが幸せ一杯の表情である。食べ終ったらすぐ立ち上がり、と同時に次の客が座る。これぞソウルフードの原風景だと思う。

若い世代が引き継いで、新しいメニューも出てきている。楽しみだ。

ちょっと地味だが
ツウ好み

時には優しく
贅沢に

▲下
[ 肉うろん ]
780円　かろのうろん

▲上
[ おぼろこんぶうどん ]
420円　釜揚げ牧のうどん 空港店

女心をつかんだ

丸い丼に丸天で二重丸

▲下

[ 丸天うどん ]

400円　みやけうどん

▲上

[ 梅あおさうどん ]

590円　因幡うどん ソラリアステージ店

九州

# 長崎のトルコライス

**皿の上にヨーロッパがあってアジアがある。仲をとりもつトルコ。異文化が集合。**

ソウルフードの中でもその普及度において全国でもNo.1であろうと言われているのがトルコライスだ。長崎市内でメニューにある店が二百店もある。ちゃんぽんより多くなったそうだ。さすがに西洋料理発祥の碑がある町だ。腕の良い料理人が多い。

元祖である**「ビストロ ボルドー」**で、トルコで食べるピラフ（サフランライス）を基にして、先代と今のシェフが研究、アレンジして日本的なものを加えてできた。

だからトルコ風ライスとしている。

ピーマン、玉葱、ベーコンの入ったカレーピラフが主役。副食としてピーマン、玉葱、マッシュルーム入りスパゲッティ香草トマトソース。ポークカツレツの赤ワインソースがけ。それになんと福神漬がつく。「異文化交流です」とシェフ。これが元となって市内に拡がった。特に料理のきまりはなく、ヨーロッパ的なものとアジア的なものがあって、トルコがかけ橋になったり、インドがなかだちする場合もある。さまざまな解釈があちこちにあるのだ。では三種の、どこの文化から食べたら良いですか?「特にきまりはないがスパゲッティから始める人が多いです」

長崎は坂の町、散策の前にボリューム満点のトルコ風ライスで体力をつけると良い。「ビストロ ボルドー」の他のおすすめは長崎牛の赤ワイン煮、鴨のソテー。ボルドーのワインも豊富である。

**ビストロ ボルドー**

長崎市万屋町 5-22
☎ 095-825-9378
営業時間/ 11:30 ~ LO.14:00　18:00 ~ LO.21:00
(日曜・祝日 11:30 ~ LO.14:00　18:00 ~ LO.20:00)
定休日/第 1、第 3 月曜

一皿で二度おいしい

[トルコ風ライス]
1200円　ビストロ ボルドー

九州

# 佐世保バーガー

バーガーをほおばりながら
夜空に青空を思い描く。
これぞ大人の時間だ。

佐世保バーガーの名店「ブルースカイ」。昭和二十年代から変らない味の老舗バーガー店だ。夜七時半の開店である。空いっぱいの星が瞬く頃に「ブルースカイ」のバーガーと過ごす、なんとも風雅な時ではないか。真夜中の二時までの夜のみの営業だが、佐世保の呑兵衛は「飲んだあとはハンバーガーなのだ」と集まってくる。

人気のハンバーガー、ベーコンエッグバーガー等を頼むと、逆さまの姿で出てくる。客は手で中心から少々下をつかんで、くるりとひっくり返す。それを大口をあけてがぶりとやるのだ。他店では年々サイズが大きくなっているが、「ブルースカイ」は小ぶりのままだ。飲んだ後のしめとしてちょうど良い。二つ買って一つをすぐ食べて一つを持ち帰る人がいる。一日置いても充分おいしいからだ。但し冷蔵庫に入れるのはいけません。

昭和二十五年頃、長崎県は佐世保に駐留していた米海軍関係者が地元にレシピを教えた。外国人バーでアメリカ人向けに売られていたが、その後、日本人の口に合うようにアレンジされて、現在の佐世保バーガーができて定着した。

市内の中心街だけでも約二十軒はある。大きさも味も店ごとにさまざまである。ただほとんどの店が小規模の店である。調理スペースだけのテイクアウト専門店や客席が少ないところが多い。「ブルースカイ」も八席だ。近くの夜の公園で食べるのも良いかもしれない。

**ブルースカイ**

佐世保市栄町 4-3
☎ 0956-22-9031
営業時間／ 19:30 ～翌 2:00
定休日／日曜

# 酒のあとのしめは
# バーガーだ

[ベーコンエッグバーガー（右）]
550円
[ハンバーガー（左）]
400円　ブルースカイ

九州

# 鹿児島の白熊

**手作りのカンナ削りでふんわりした氷、特製のミルクがかかり、豊富なフルーツがトッピングされた一級品。**

鹿児島市の女性が東京で生活するようになり、夏に当然「白熊」が食べられるものと思って周りの人に訊ねても、何のことか通じなくて、悲しくて心が痛んだと聞いたことがある。かようなまでに鹿児島の人の体にしみこんだ「白熊」とは、昭和二十四年生まれ、**「天文館むじやき」**の名物「氷白熊」のことで、氷にのったチェリー、アンジェリカ、干しぶどうの配置が白熊の顔に似ていることから誕生時に名付けられた。十種類以上のバリエーションがあって、店で出している写真入りパンフレットを見ると、氷の上のフルーツ、豆の盛り付け例の可愛らしさにたじろいでしまうが、一度見ると食べてみたくなり、やがて強く引かれてくるから妙である。

そして、外から見ただけではわからないこだわりが、多々あるようだ。先ず氷は手作りのカンナ削りを使う。刃が特別製だ。雪のように削る。音を聞いただけでわかる。ジャリジャリでなく、サーッという音である。出来た氷がふんわりとしている。その氷にまんべんなくかけられるさっぱり味の特製ミルク。秘伝のミルクだ。それとほど良い甘さの特製みつ。これらは秘密の工場で㊙で作られている。社長とその息子のみしか知らない。秘密だらけで何の工場だったたっけとつい忘れてしまった。

氷白熊の本家「天文館むじゃき」は喫茶・和食・洋食の総合飲食店である。一階入り口で大きな白熊が迎えてくれる。

**天文館むじゃき**

鹿児島市千日町 5-8
☎ 099-222-6904
営業時間／ 11:00 ～ 21:30
(日曜・祝日・7 ～ 8 月は 10:00 ～ 21:30)
定休日／ 12 月 31 日

こだわりの白熊

［白熊（右）］　720円
［スペシャル白熊（左）］　1080円
天文館むじゃき

沖縄

# 沖縄のぜんざい

**山盛りの氷の下にうまっているのは金時豆と白玉だ。これが沖縄ぜんざい！温かいのは冬のみの限定メニュー。**

ぜんざいと言えば、餅にあんをかけたもの、あるいは汁粉のことだと思うが、沖縄ではかき氷がこんもりと盛ってある底に白玉とじっくり煮込んだ金時豆が隠れているのだ。金時豆はアメリカ産。入手しやすく、安価で、さらに煮くずれしないから、豆の食感がよりあるし、もちもち感がある。内地産の金時豆より小さく、小豆より大きい。食事と喫茶の**「千日」**では、アイスぜんざいとメニューにある。金時豆を五～六時間煮込んで使っている。創業して六十年以上の老舗である。アイスとつける前は「冷しぜんざい」であった。初代店主はたびたび大阪に出向き料理の研究をしていたので、温かいぜんざいを知っていたのだろう。アメリカ製の氷削り機を手動で回して、沖縄風の一品にしたのではないか。那覇でもこのように氷を食べさせるところはなかったはず。

終戦でアメリカから豊富な金時豆が流れてきたし、台湾から砂糖も入っている。小豆を炊くと豆の形がなくなってしまうからおいしくない。それを嫌って豆の存在感がある金時豆を好んで使ったのだろう。そうしてすっかり、氷、金時豆のぜんざいが定着したのだ。

部活動を終えて、まだ日差しの強い帰り道に立ち寄って涼を取った中高生たちが多くいたはず。今も続いている光景だ。その昔の人たちが今、孫を連れて食べにくるそうだ。

※参考資料：「週刊レキオ七五五号」一九九九年

**千日**

那覇市久米 1-7-14
☎ 098-868-5387
営業時間／ 11:30 ～ 20:00
(10 月～ 5 月は 11:30 ～ 19:00)
定休日／月曜（祝日の場合は翌日休み）

氷の盛りが
すごい

[アイスぜんざい（右）]
300円
[イチゴミルク金時（ぜんざい）（左）]
500円　千日

沖縄

# 沖縄そば

**沖縄の人に好きなそば屋を訊ねるといい。皆さん人が変ったように、熱く語り続ける。誰もがマイそば屋をお持ちなのだ。**

泳げない。陽に焼かない。自転車に乗れない。雨が降っても傘をささないし、洗濯物を取り込まない。歩かない。缶詰が好き……。これらは沖縄県民の特徴だが、それに「無類のそば好き!」を加えたい。沖縄のことばですばという。本土に復帰して四年たった時、そば粉が入ってないのにそばと名乗るとはけしからんとクレームを受けたことがある。「うちらのはそばでなくすば」と言ってやったかどうか知らないが、県民の熱い思いが通じ、沖縄そばがソウルフードとして認められ定着している。

町中のわずかなスペースに、あるいはびっくりするほど辺鄙《へんぴ》なところに、そば屋がぞくぞく開店しているが、今やカーナビの時代、県民も全国からの客もこまめに調べて、巡り歩いて注目しているのだ。

**「しむじょう」**は昔ながらの古民家を店にしている。ゆいレールの市立病院前駅より北に急な坂を登りつめた所にある。店の前の通りは首里城に続いて、各家には「じょう」の屋号がつく。ここのソーキそばは大きなソーキが二枚。柔らかく肉の身離れが良く食べやすい。樹木に囲まれた前庭で、町を見下ろしながら食べられるが、国の登録有形文化財の座敷でくつろぐのも良い。

那覇から北に約八十キロの本部町《もとぶちょう》にある**「山原《やんばる》そば」**。客の大半がソーキそばを注文する。本ソーキ肉が五枚、生麵で約三百グラム、このボリュームを目指して客が絶えない。行列のできる店として知られるが、地元のファ

**しむじょう**
那覇市首里末吉町 2-124
☎ 098-884-1933
営業時間／ 11:00 ～ 15:00
(売り切れじまい)
定休日／水曜

**山原そば**
本部町伊豆味 70-1
☎ 0980-47-4552
営業時間／ 11:00 ～ 15:00
(売り切れじまい)
定休日／月曜・火曜

# 坂の上の隠れ家のような

［ソーキそば］
800円　しむじょう

ンとレンタカー族がおしかけてくるのだ。主人と妹夫婦、いとこなど親戚のスタッフでこなしているが、店を閉めると皆一緒に沖縄そばを食べていた。すばらしい。

本来の沖縄そばは、煮炊き用かまどの薪の灰と水でアク汁をつくり、これを使って小麦粉をこねてコシの強い麺を打っていた。現在はさすがに薪を使うこともなくなり、梘水《かんすい》に代っているが、従来の製法を続ける店もある。コシの強さがしっかり守られているかどうか、そば通の間で、「あの店は固すぎる、認めない」「いや、あれこそ伝統の逸品」と意見が分かれるところだ。普段おとなしい沖縄人が頑固に言い合う様を見ていると痛快である。

スペイン語でスールは南の意味。**「琉球茶房すーる」**は糸満の名店「淡すい」製の小麦粉五種類をブレンドしたコシの強い麺、コクがあってあっさりしたスープ。心と身体に優しいそばをつくりたいと女店主。ごぼう、人

**琉球茶房すーる**

那覇市久茂地 3-25-7
☎ 098-861-5155
営業時間／ 11:30 〜 17:00（LO.16:30）
定休日／日曜

参、椎茸が入り、スープで炊いたご飯ジューシィも人気がある。
大宜《おおぎ》味《み》村《そん》の**「前田食堂」**は豚肉主流の県ではめずらしく牛肉そばが売りもの。牛肉、もやし、葱をバターで炒めて麺に盛ってある。丼の直径十七・五センチ、牛肉そばを盛ると丼の縁から五センチの高さになる。この山を征服できるか心配したが、黒胡椒の辛さに刺激されてか完食してしまった。時間が経つとすぐまた挑みたくなる不思議なそばである。
**「ぺんぎん食堂デリ」**は国際通り、元の三越であったビル、ハピナハの一階にある。「県産豚のスーチキすば」は美しくておいしい。スーチキは塩漬け豚肉のこと。紅豚の三枚肉を塩漬けして、茹でて薄くスライスしたもの。この肉で麺を巻いて食べると良い。最初は何もプラスせず、次にライムを絞る。その後、名物ラー油を加えると何度も楽しめる。石垣島「辺銀食堂」の支店だ。

**ぺんぎん食堂デリ**

那覇市牧志 2-2-30 ハピナハ 1F
☎ 098-868-5313
営業時間／ 10:00 ～ 22:00
定休日／不定休
（ハピナハに準ずる）

**前田食堂**

大宜味村津波 985
☎ 0980-44-2025
営業時間／ 10:00 ～ 18:00
（日曜・祝日 10:00 ～ 18:30）
（売り切れじまい）
定休日／水曜（祝日の場合は営業）

目指すは、このソーキ

［ソーキそば］
900円　山原そば

［そばセット 小］
700円　琉球茶房すーる

心と身体に優しい

牛肉、もやしの山を征服して

[ 牛肉そば ]
700 円　前田食堂

塩漬け肉が美しく

[ 県産豚のスーチキすば ]
1000 円　ぺんぎん食堂デリ

スープは豚骨に鰹節で取るのが基本だが、年々鰹節の比重が多くなってあっさり味になっている。十年ぶりに沖縄そばを食べた人がどの店も変わって良くなったと叫んでいた。

県外からの客は沖縄そば＝ソーキそばと思っている人が多い。ソーキは骨つき肉のこと。スペアリブのロースト、中華の排骨麺《パーコー》と同じで骨のまわりの肉がおいしい。これがそばになったのがソーキそばだ。従来からのが本ソーキ、骨まで食べてしまう軟骨ソーキを使うのが新しい流れ。

三枚肉の使い方が巧みな沖縄。余分な脂は煮込んで取り除き、旨さを引き出す。皮つき三枚肉に赤身が同居し、かまぼこがのった標準型に、近頃の健康志向で、アーサー（アオサ）、フーチバ（よもぎ）、スヌイ（もずく）等がプラスされ、麺に練り込んであるのが現代沖縄そばである。**「屋宜家《やぎや》」**はアーサーそばが名物。アオサであるヒトエ

**屋宜家**

八重瀬町大頓 1172
☎ 098-998-2774
営業時間／ 11:00 〜 16:00（LO.15:45）
定休日／火曜（祝日の場合は営業）

グサという海藻が入って、麺にも練り込まれている。淡い緑色で、丼の上には香りが広がり、スープも冷めにくい。サトウキビ畑に囲まれた古民家で堪能する沖縄の味だ。

**「てぃあんだー」**ではフーチバーそば。万病に効くというニシヨモギが練り込まれ、丼の横に青々とした新鮮な葉が四枚添えられている。さわやかな香りがあって、ほろ苦いのが特徴である。

**「もずくそばの店 くんなとぅ」**は、店の前が南城市奥《お》武島《うじま》、海は太平洋。くんなとぅとはこの地の方言で小さな港の意味。元々が三十年以上続くもずく養殖業者だ。他県のものより太いもずくを粗めに刻み、ペースト状にして麺に練り込んでいる。生もずくは食べ放題、ミネラルと食物繊維が豊富である。

さて、賑やかな食堂で、あるいは古民家の座敷で、そばを前に気づいたことがある。小声で言うが、いいそば屋には必ず働き者のいい女がいるのだ。ネ、居るでしょう！

**もずくそばの店 くんなとぅ**

南城市玉城志堅原 460-2
☎ 098-949-1066
営業時間／ 11:00 ～ 19:00
無休

**てぃあんだー**

那覇市天久 1-6-10
☎ 098-861-1152
営業時間／ 11:00 ～ 15:00 ごろ
(売り切れじまい)
定休日／月曜

あつあつの
磯の香り
[アーサーそば]
800円　屋宜家

ほろ苦さが
たまらない
[フーチバーそば]
670円　てぃあんだー

採れたて、
食べ放題

[もずくそば 小]
590円　もずくそばの店 くんなとぅ

沖縄

# 沖縄のタコライス

**タコスの中身が飛び出して、ご飯の上にのった。安くてボリュームがあるから、あっという間に全島に広がった。**

メキシコを代表する名物料理タコスは、トウモロコシの練粉をクレープ状に焼いたトルティーヤで、挽肉、野菜などを包んで食べるが、それが沖縄の基地の町に上陸して、中の具である牛のミンチ、千切りのレタス、チーズが飛び出して、温かなライスの上にのってしまったのである。ライスの方がお値段も手頃であるし、手早くできる。タコライスというネーミングも愛嬌があってよろしい。で、本家のタコスより人気が出て、あっという間にうちなんちゅうに広まっていったのだ。

金武町《きんちょう》のキャンプハンセンのゲート1の前にあった「パーラー千里《ちさと》」が元祖で、今は近くの「KING TACOS《キングタコス》」で引き継がれている。

一九八〇年代、円高で米兵が外食をしなくなって店が閑になり、窮余の一策として生まれた。ワンコインで食べられ、ボリュームがある。米兵相手の食堂はかなりのボリュームにしないと相手にされないようで、どこでも、何でも量がすごい。こうやって沖縄の男たちも肥っていったのだと思う。「KING TACOS」の女主人は「これもすごいのよ」と、丸々としてBIGなチーズバーガーを見せてくれた。スタンダードなタコライス、ほかにチーズ野菜入りもあり、タコスもちゃんとあって笑ってしまった。一時、他店で「蛸は入っていません」という但し書きを見かけたが、最近は「蛸が入ってます」もあって、何やらすっかり名物料理になったのだ。

KING TACOS（キング タコス）
国頭郡金武町字金武 4244-4
☎ 090-1947-1684
営業時間／ 10:30 ～翌 3:00
無休

蛸は入っていません

[ タコライス(手前) ]　400円
[ タコライスチーズ野菜(奥) ]
600円　KING TACOS

コラム

# 沖縄大衆食堂ときちんとつきあう。

沖縄大衆食堂。この立派な字のひびきと並びは魅力的だ。屋号にしたいくらいだ。どこの食堂にもおばあがいる。行くに際してはキチッと身づくろいをして出かけたい。注文する料理は事前に決めておく。入ってからウダウダ迷ったりするのはみっともない。座ると同時に「煮つけ、ごはん軽く」とはっきり言う。小声では、最近耳が遠くなったおばあに失礼だ。それととにかくお腹をすかして行くこと。ボリュームがびっくりするほどあるからできるだけ完食したい。どこも持ち帰り用のパックはあるが、使いたくないのだ。

あたかも単品のメニューのように壁に掲げているが、全て定食として考えるといい。みそ汁四百五十円とあっても、大ぶりの丼に入った実だくさんのみそ汁とご飯、小鉢が二つほどつくのだ。煮つけは野菜、蒲鉾に厚めに切った豚肉が一緒におでんのように煮込んである。ナーベラはへちまだが、ボディケアでなく料理の材料、ポーク玉子はランチョンミートをスライスしたものに玉子焼きを添える。ちゃんぽんは内地のような麺料理でなく、野菜にランチョンミートかコーンビーフを少し加えて刻み、玉子でとじたものがご飯にのっている。チャンプルーはゴーヤ、豆腐がメインになり野菜や玉子と一緒に炒めたもの。中身汁は豚の内臓を調理前に丹念に洗い、独得の匂いを取って具にした上品なお吸いもの。ゆし豆腐は豆腐を固める前のふんわりした状態をいい、これをかつおだしで。

カツ丼も見るからに独得である。野菜がたくさん入っているのだ。肉を食べたいのに野菜が多すぎると怒る人もいるが、たっぷり野菜の沖縄カツ丼を愛する。それとA、B、Cランチがどこの店でもある。値段がアップするに従い、揚げ物の肉が変っていく。卓上のコーレグースは唐辛子を泡盛に入れたもの。まろやかな辛さを沖縄そば等にプラスできるのだ。

基礎知識はこれで充分。さあ行こう、おばあの食堂へ。

# おわりに ――さらなる旅の一歩として

この本で紹介した品々はそれぞれ皿の上、丼の上で、あるいは鉄板の上での輝きがすばらしいものばかりである。カメラを覗いて見るとすぐわかる。他の店のものとあきらかに異なる輝きがある。

美女を撮る写真家はきれいきれい、と声をかけながら撮る。猫を撮る写真家は可愛いネ、鳴き声がいいニャと話しながら撮る。それを真似て、なんておいしそうなんだい、色もいいし匂いがステキ、と声を出したいところだが、輝きが消えないうちに黙々と手早く撮るしかない。

一品一品は、驚くほど研究熱心な働き者がつくっている。そして、それを愛して誇りにしている町の人々がいる。その支えによって店がさらに良くなる。良い店があると、「魅力ある町」になってくるから不思議だ。

北から南まで、そのような関係に直に触れることができて幸せな時間をおくれた。しかし、調べるほどにまだまだたくさんのソウルフードはあるのだ。私の好きなおでん、餃子に触れるスペースがなくて悔やまれる。

おわりに、おまけでもよい、おわりははじめの一歩で、その前哨戦として、**「おでん東大」**の紹介をちょっとだけして筆を置きたい。

取材・大関百合子、編集・北村恭子、デザイン・野中深雪、皆さんからパワーをいただいた。

ありがとうございました。

沖縄のおでんはテビチ（豚足）が主役。「おでん東大」では一度蒸したものを使うので、だしはより濃厚になる。葉野菜を汁にくぐらせて皿盛りの仕上りとするのも沖縄風。夜遅い開店だがすぐ満席となる。まさに狭き門だ。

**おでん東大**

那覇市安里 388-8　☎ 098-884-6130
営業時間／ 21:30 〜翌 4:00 ごろ
定休日／日曜・月曜・祝日・年末年始・ゴールデンウィーク

文春文庫

日本全国《にほんぜんこく》
ソウルフードを食《た》べにいく

定価はカバーに
表示してあります

2015年10月10日　第1刷

著　者　飯《いい》窪《くぼ》敏《とし》彦《ひこ》
発行者　飯窪成幸
発行所　株式会社　文藝春秋

東京都千代田区紀尾井町 3-23　〒102-8008
TEL 03・3265・1211
文藝春秋ホームページ　http://www.bunshun.co.jp

落丁、乱丁本は、お手数ですが小社製作部宛お送り下さい。送料小社負担でお取替致します。

印刷・図書印刷　製本・加藤製本

Printed in Japan
ISBN978-4-16-790477-7